石井雅幸・鈴木映子 [共著]

クイズで指導!!

食育パワーポイントブック

〈書きかえ自由自在〉

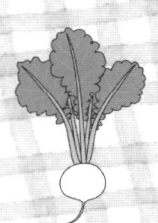

はじめに

　平成20年に告示されました学習指導要領の総則に、はじめて食に関する指導の必要性が書かれました。食に関する指導の大切さを多くの先生方が感じてはいるものの、教材がなかったり、食に関する指導に多くの時間を割けなかったりするといった状況があります。

　学級担任の先生方や栄養教諭・学校栄養職員の先生方は、給食時間の指導、学級活動の時間の指導、教科や道徳の時間での指導の中で、食に関する指導を意図的・計画的・継続的にできないかと思っていらっしゃるのです。そのような先生方の思いを実現できるような手軽で身近な教材が提供できないかと考えてきました。

　こうした中で、少年写真新聞社がこれまでに持っている図版や写真を活用し、食に関する指導を有効でかつ手軽に行える教材を集めた本をつくろうと考え、できあがったものが本書です。給食の「いただきます」前の5分間の指導、学級指導の時間、教科等の時間とさまざまな授業場面でそのまま映像として映したり、紙に印刷したりしてご活用いただけたら幸いです。

　本書ができるまでの間、少年写真新聞社編集部の北村摩理さん、吹田萌羽さんのお二人には、詳細な検討を加えていただきながら完成することができましたことに感謝申し上げます。

　　　　　　　　　　　　　　　　　　　　平成25年新緑が萌える頃　石井雅幸
　　　　　　　　　　　　　　　　　　　　　　　　　　　　　　　　　鈴木映子

本書の使い方

◆プロジェクターなどに映して使うことができます。

巻末のCD-ROMに、パワーポイントのデータが入っているので、プロジェクターなどに接続して、スライドを投影することができます。

書きかえも自由自在なので、自校の実情に合ったクイズが出題できます。

◆給食時間の5分間指導や授業に使うことができます。

本書の問題・解説ページやパワーポイントのスライドをプリントして使うことができます。

その日の献立に合わせてクイズを選び、給食時間の5分間指導に活用できます。また、教科、道徳、特別活動などの授業にも使えます。

◆おたよりに入れたり、掲示板にはったりして、クイズコーナーをつくれます。

本書の問題やパワーポイントのスライドを給食だよりや掲示物に使い、さらに解説のページをコピーしたり、パワーポイントの「ノート」をプリントしたりして、並べてはると、クイズコーナーを簡単につくることができます。

●本書の構成●

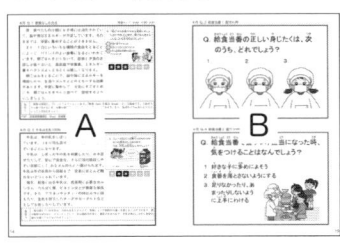
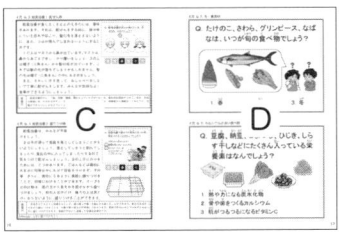

A：前ページのクイズの答えと解説
B：クイズ
C：Bの答えと解説
D：クイズ（答えは次のページに）

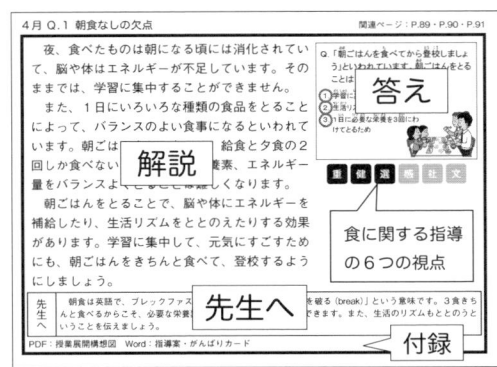

答えと解説のページでは、食に関する指導の6つの視点のうち、該当するものをマークで示しています。指導の際の参考にしてください。

※食に関する指導の6つの視点：食事の重要性（重）、心身の健康（健）、食品を選択する能力（選）、感謝の心（感）、社会性（社）、食文化（文）
※「解説」：子どもたちにクイズの答えや解説をする時の原稿。
※「先生へ」：担任の先生など、解説をする人に向けた補足的な説明や指導に向けたポイントなど。
※答えが複数の場合もあります。

CD-ROMの使い方

●基本操作

　巻末のCD-ROMには、本書に掲載されたデータをすべて収録しています。

①CD-ROMドライブにCD-ROMを入れて起動すると、以下のような画面が表示されます。

②利用したい月のパワーポイントファイル（pptx）をクリックしてください。指導案などはshidouフォルダに、クイズごとの食に関する指導の６つの視点の対応表はmokuhyo.pdfに収録しています。

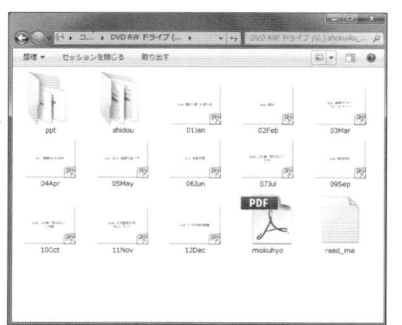
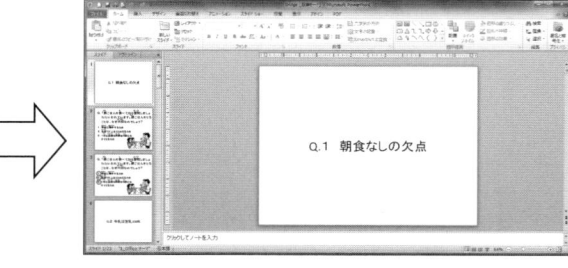

③利用したいクイズを取り出し、CD–ROM以外の場所に別名で保存します。

１．使いたいクイズのスライドをクリックして選択し、コピーする。

２．新しいプレゼンテーションを開き、はりつける。

　　　「ファイル」→「新規作成」→「新しいプレゼンテーション」を開く。

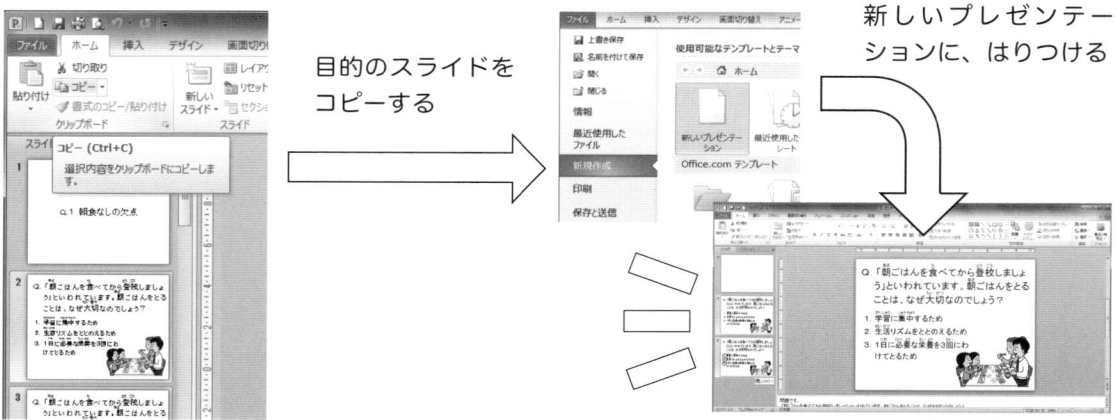

名前をつけて、デスクトップなどに保存

コピー＆ペースト

①コピーしたいものの上でマウスの右ボタンをクリック（※）します。

（※）Macでマウスのボタンが１つの場合は「control」キーを
　　　押しながら、クリックします。

②表示されたメニューから「コピー」を選択します。

③「ホーム」から「貼り付け」を選択します。

お使いのソフトのバージョンによって違いがありますので、それぞれのマニュアルで確認してください。※お使いのパソコンやソフトのバージョンによって、レイアウトが崩れることがございます。テキストボックスを広げるなどして調整してください。

●パワーポイントの画面の見方

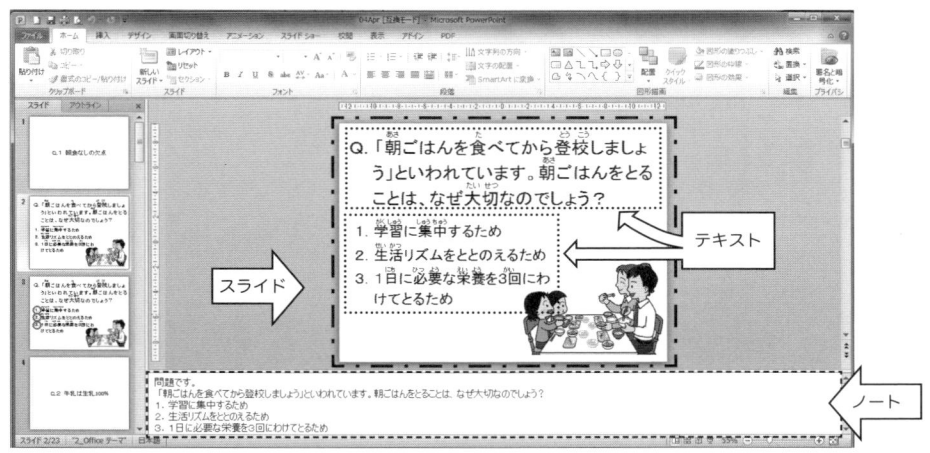

●文字の入力（変更）方法
①文章変更したいスライドのテキストまたはノートを表示させます。
②欄にカーソルを合わせて、文字を変更します。
　　※本書では、テキストの漢字の上に、テキストボックスを挿入し、ふりがなとしています。

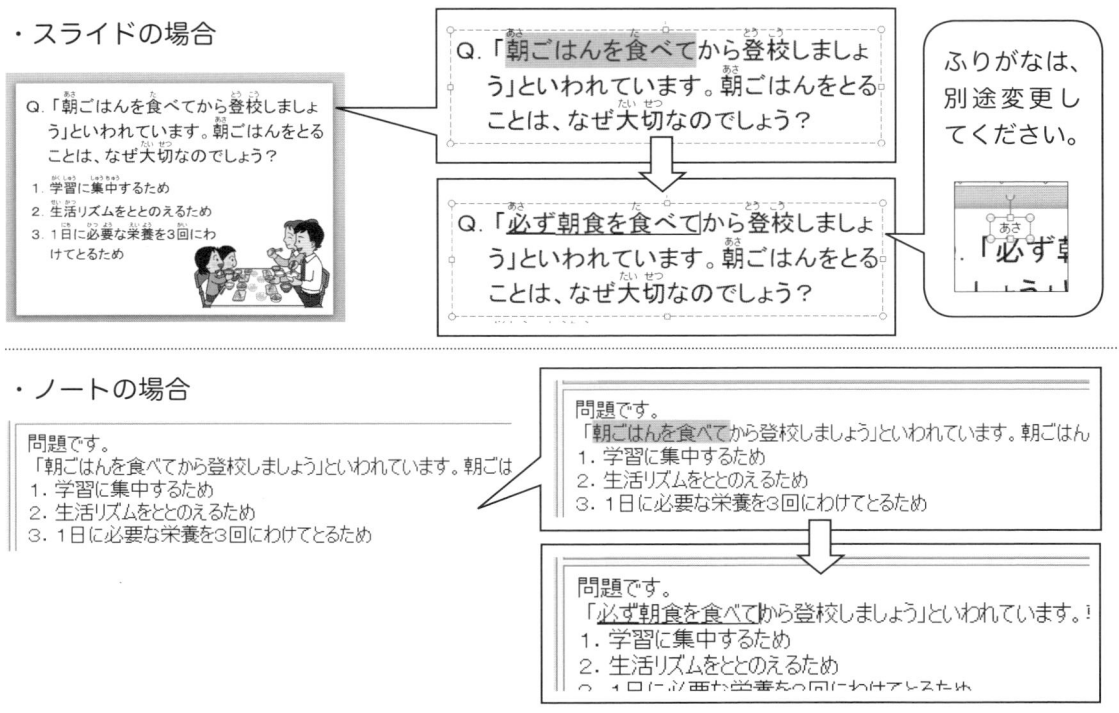

●ノートを活用しましょう

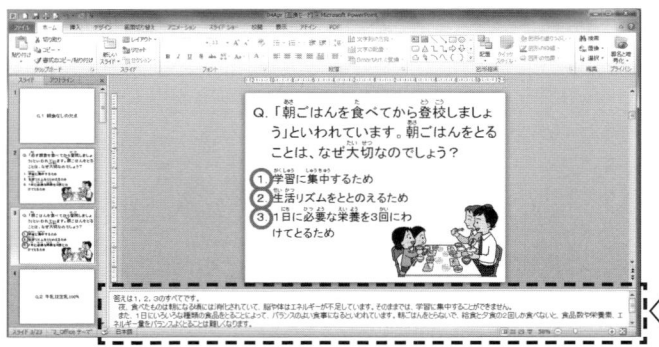

PowerPointには、「ノート」という、スライドごとに入力できるメモ欄があります。スライド作成時のメモのほか、スライドショーの台本などとして、使用できます。

「ファイル」→「印刷」→設定「フルページサイズのスライド」→「ノート」を選択すると、スライドとノートに記入した文章が一緒にプリントできます。

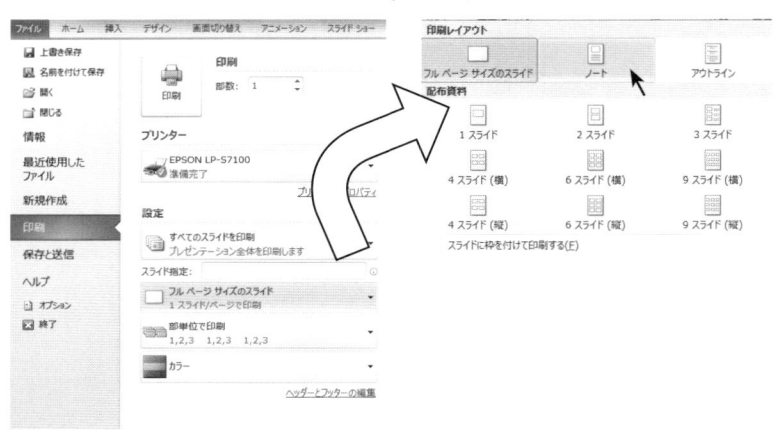
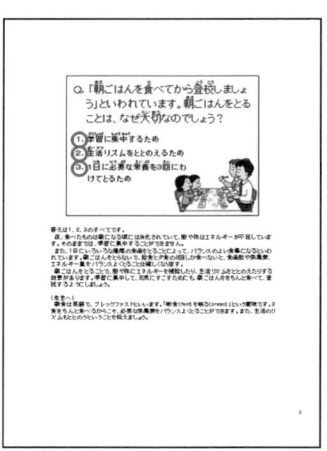

クイズコーナー

①クイズのスライドを「フルページサイズのスライド」で、答えのスライドを「ノート」でそれぞれプリントします。
②掲示板に並べてはると、クイズコーナーが簡単にできます。
※ノートには「先生へ」も記入されています。子どもたちに見せる場合は、「先生へ」の部分を削除するなどして、ご活用ください。

紙しばい風クイズ

①クイズのスライドを「フルページサイズのスライド」で、答えのスライドを「ノート」でそれぞれプリントします。
②クイズのスライドを厚紙で補強し、裏に答えをはりつけます。

●イラストの変更方法（基本）
①変更したいイラストをクリックします。
②「図ツール　書式」から「図の変更」を選択し、変更したいイラストを選びます。

●イラストの変更方法（簡略）
①変更したいイラストを右クリックします。
②メニューから「図の変更(A)」を選択し、変更したいイラストを選びます。

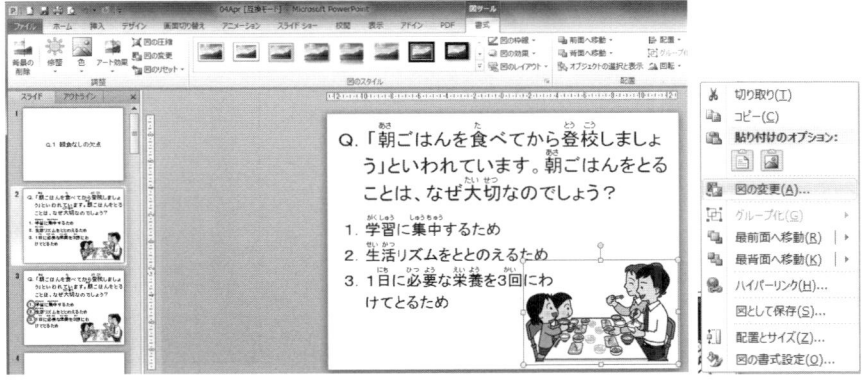

●CD-ROMの構成●
◆パワーポイント
1月：01Jan.pptx ／2月：02Feb.pptx ／3月：03Mar.pptx ／4月：04Apr.pptx ／
5月：05May.pptx ／6月：06Jun.pptx ／7月：07Jul.pptx ／9月：09Sep.pptx ／
10月：10Oct.pptx ／11月：11Nov.pptx ／12月：12Dec.pptx

下記のスライドは、それぞれのクイズに付属しています。

Q.4 上手に盛りつけるこつ
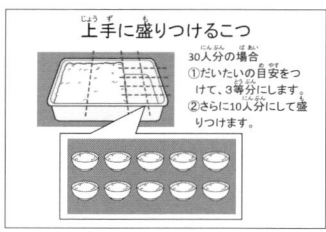

Q.9 正しい手の洗い方
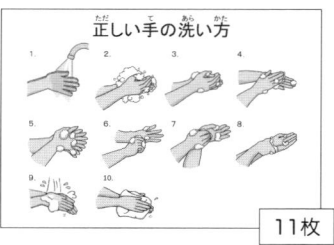
11枚

Q.11 もしも輸入がストップしたら

Q.14 「茶」・「米」の分解

アニメーション

Q.17 まごはやさしい食材

Q.30 簡単！朝ごはんレシピ
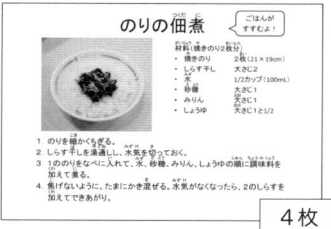
4枚

Q.32 きらいばし
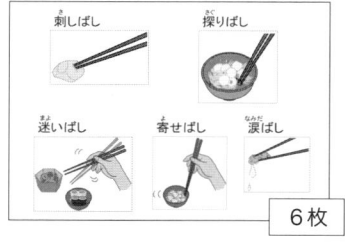
6枚

Q.34 食材の切り方

6枚

Q.45 正しい茶わんの持ち方、受け渡し方

4枚

Q.57 学校給食の歴史

6枚

Q.65 大豆の変身
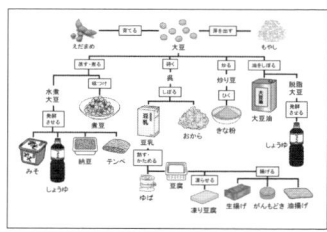

Q.69 正しいはしの持ち方
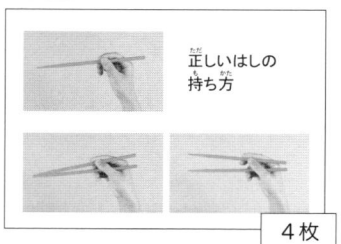
4枚

◆構想図・指導案・ワークシート

○朝ごはん
授業展開構想図　　指導案　　がんばりカード

フォルダ名「asagohan」

○かむ
授業展開構想図　　指導案

フォルダ名「kamu」

○食料生産
単元展開構想図　　指導案

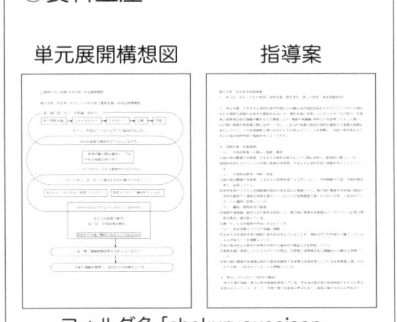

フォルダ名「shokuryouseisan」

○江戸の庶民の暮らし
指導案

Word「edo_shidouan」

○１年間の食生活をふり返ってみましょう
ワークシート

Word「furikaeri」

●ご使用にあたっての注意●

CD-ROMが入った袋を開封しますと、以下の内容を了解したものと判断させていただきます。
・CD-ROMドライブ、またはそれ以上のCD-ROMの読み込みができるドライブ。
・Microsoft PowerPoint形式（拡張子が〜 .pptx）のファイルを開くことができるプレゼンテーションソフトおよびMicrosoft Word形式（拡張子が〜 .docx）のファイルを開くことができるワープロソフトがインストールされていること。
・pdfファイルが閲覧できるソフトウェアがインストールされていること。

【著作権に関しまして】
　本書に掲載されているすべての文書、イラスト等の著作権および複製使用許諾権は、株式会社少年写真新聞社に帰属します。学校・園所内での使用、児童生徒・保護者向け配布物に使用するなどの教育利用が目的であれば、自由にお使いいただけます。それ以外の目的やインターネットなどへの使用はできません。

【ご使用上の注意】
・OSやアプリケーションのバージョン、使用フォント等によって、レイアウトが崩れることがありますが、仕様ですのでご了承ください。ご使用の環境に合わせて、修正してください。
・このCD-ROMを音楽用CDプレーヤー等に使用すると、機器に故障が発生する恐れがあります。パソコン用の機器以外には入れないでください。
・CD-ROM内のデータ、あるいはプログラムによって引き起こされた問題や損失に対しては、弊社はいかなる保証もいたしません。本製品上の欠陥につきましては、お取りかえしますが、それ以外の要求には応じられません。
・図書館でのCD-ROMの貸し出しは禁止させていただきます。

Apple、Macintoshは米国やその他の国で登録されたApple Inc.の商標または登録商標です。
Microsoft、Windows、PowerPoint、WordはMicrosoft Corporationの米国やその他の国における登録商標または商標です。

目次

- はじめに　　　　　　　P. 2
- 本書の使い方　　　　　P. 3
- CD-ROMの使い方　　　P. 4
- CD-ROMの構成　　　　P. 8
- キーワード目次　　　　P.12
- 構想図・指導案・がんばりカード　P.89
- ※本書では朝ごはん（一部）のみ掲載しています。それ以外はCD-ROMに収録しています。
- 朝ごはんレシピ　　　　　　　　P.92
- １年間の食生活をふり返りましょう　P.94

月	Q.	内容	ページ	重	健	選	感	社	文	付録（CD-ROM内に収録）	教科連携
4月	Q.1	朝食なしの欠点	P.13	○	○	○				PDF：授業展開構想図（小学校2年・5年） Word：指導案（小学校2年・5年） Word：がんばりカード（小学校2年・5年）	
	Q.2	牛乳は生乳100%	P.13		○	○					
	Q.3	給食当番1 配ぜん時	P.15			○		○			
	Q.4	給食当番2 盛りつけ時	P.15			○		○		パワポ：上手に盛りつけるこつ	
	Q.5	旬・春食材	P.17		○	○			○		
	Q.6	カルシウムの多い食べ物	P.17	○	○						
	Q.7	アレルギーを起こす食べ物	P.19				○				
5月	Q.8	正しい食器の並べ方	P.19					○	○		
	Q.9	手の洗い残しやすい部位	P.21		○					パワポ：正しい手の洗い方	体育科
	Q.10	野菜の花 さやえんどう	P.21						○		理科
	Q.11	食料自給率	P.23	○		○	○	○		パワポ：もしも輸入がストップしたら	社会科
	Q.12	ごみ問題 残食量	P.23	○		○	○	○			社会科
	Q.13	赤・黄・緑にわけてみよう	P.25		○						家庭科
	Q.14	茶寿とは	P.25		○				○	パワポ：「茶」・「米」の分解	
6月	Q.15	食育月間	P.27	○	○	○	○	○			
	Q.16	食事の前の手洗い状況	P.27		○	○					体育科
	Q.17	まごはやさしい	P.29		○	○			○	パワポ：まごはやさしい食材	
	Q.18	よくかむのはなぜ	P.29	○	○					PDF：授業展開構想図（小学校3年） Word：指導案（小学校2年・3年）	
	Q.19	届くまで 牛乳編	P.31			○	○			PDF：単元展開構想図（小学校5年） Word：指導案（小学校5年）	社会科
	Q.20	丈夫な骨を目指して	P.31	○	○	○					体育科
	Q.21	この食べ物はなに？ じゃがいも	P.33						○		
7月	Q.22	この食べ物はなに？ トマト	P.33		○				○		
	Q.23	旬・夏食材	P.35		○	○					
	Q.24	とうもろこしパワー	P.35		○	○		○			社会科
	Q.25	卵料理	P.37	○		○					家庭科
	Q.26	飲み物と食中毒	P.37			○					
	Q.27	おにぎり？ おむすび？	P.39	○					○		家庭科
	Q.28	届くまで 豚肉編	P.39		○	○	○				社会科
9月	Q.29	体内時計	P.41	○	○						
	Q.30	朝食の必要性	P.41	○	○					PDF：授業展開構想図（小学校2年） Word：指導案（小学校2年） Word：がんばりカード（小学校2年） パワポ：朝ごはんレシピ	家庭科
	Q.31	一汁二菜	P.43	○	○	○			○		家庭科
	Q.32	はしづかい	P.43				○		○	パワポ：きらいばし	
	Q.33	届くまで 卵編	P.45		○	○	○				社会科
	Q.34	食材の切り方	P.45	○	○				○	パワポ：食材の切り方	家庭科
	Q.35	野菜の花 にんじん	P.47		○	○			○		理科

月	Q	タイトル	ページ	重	健	選	感	社	文	付録（CD-ROM内に収録）	教科連携
10月	Q.36	この食べ物はなに？ いも類	P.47		○	○	○		○		
	Q.37	旬・秋食材	P.49			○	○		○		
	Q.38	魚の盛りつけ（向き）	P.49					○	○		
	Q.39	体に悪いSOS	P.51	○	○	○					体育科
	Q.40	給食の食品構成	P.51		○	○					
	Q.41	目指せスポーツ選手	P.53	○	○			○			
	Q.42	魚漢字クイズ	P.53						○		
11月	Q.43	日本型食生活 PFCバランス	P.55	○	○	○			○		家庭科・社会科
	Q.44	かみごたえのある食べ物	P.55	○	○				○	PDF：授業展開構想図（小学校3年） Word：指導案（小学校3年）	
	Q.45	茶わん	P.57				○		○	パワポ：正しい茶わんの持ち方、受け渡し方	
	Q.46	茶わん一杯の米は何粒？	P.57		○	○			○		社会科
	Q.47	地域の人に感謝を伝える方法	P.59			○	○	○	○		
	Q.48	果物の購入量	P.59		○	○					
	Q.49	ノロウイルス	P.61		○	○		○			体育科
12月	Q.50	かぜの時の食事	P.61	○	○	○					
	Q.51	旬・冬食材	P.63			○	○		○		
	Q.52	かぶの種類	P.63			○	○		○		
	Q.53	朝ごはんは脳に必要	P.65	○	○	○				PDF：授業展開構想図（小学校5年） Word：指導案（小学校5年） Word：がんばりカード（小学校5年）	
	Q.54	食べ物の消化時間	P.65		○	○					理科・体育科
	Q.55	みかんの食べ方	P.67		○	○					
1月	Q.56	春の七草 七草がゆ	P.67		○	○	○		○		
	Q.57	学校給食の歴史	P.69	○		○	○		○	PDF：単元展開構想図（小学校5年） Word：指導案（小学校5年） パワポ：学校給食の歴史	
	Q.58	学校給食の献立	P.69	○		○	○		○		
	Q.59	食べる順序	P.71		○			○	○		
	Q.60	食事のマナー	P.71		○				○		
	Q.61	食事のあいさつ	P.73				○		○		
	Q.62	ほうれんそう	P.73		○	○			○		社会科
2月	Q.63	節分	P.75		○	○			○		
	Q.64	豆の種類	P.75		○	○			○		
	Q.65	姿をかえる大豆	P.77			○			○	パワポ：大豆の変身	国語科・生活科・理科・家庭科
	Q.66	しょうゆ	P.77			○			○		家庭科
	Q.67	食物繊維の働き	P.79		○	○					
	Q.68	トレーサビリティー	P.79			○		○	○		家庭科
	Q.69	はしの持ち方	P.81		○			○	○	パワポ：正しいはしの持ち方	
3月	Q.70	食事のマナー フォークとナイフ	P.81		○			○	○		
	Q.71	江戸時代の花見	P.83	○	○				○	Word：指導案（小学校6年）	
	Q.72	赤飯はなぜ赤い？	P.83			○	○		○		
	Q.73	こつこつ貯金（骨密度）	P.85	○	○	○					
	Q.74	カルシウムの吸収率	P.85	○	○	○					
	Q.75	家事参加	P.87	○				○	○		家庭科
	Q.76	地場産物を取り入れよう	P.87			○	○	○	○	PDF：単元展開構想図（小学校5年） Word：指導案（小学校5年）	

キーワード別目次

朝ごはん
- Q. 1　朝食なしの欠点　P.13
- Q.29　体内時計　P.41
- Q.30　朝食の必要性　P.41
- Q.53　朝ごはんは脳に必要　P.65

栄養と健康
- Q. 6　カルシウムの多い食べ物　P.17
- Q.20　丈夫な骨を目指して　P.31
- Q.39　体に悪いSOS　P.51
- Q.54　食べ物の消化時間　P.65
- Q.67　食物繊維の働き　P.79
- Q.73　こつこつ貯金（骨密度）　P.85
- Q.74　カルシウムの吸収率　P.85

栄養バランス
- Q.13　赤・黄・緑にわけてみよう　P.25
- Q.17　まごはやさしい　P.29
- Q.31　一汁二菜　P.43
- Q.43　日本型食生活 PFCバランス　P.55

家庭科
- Q.25　卵料理　P.37
- Q.34　食材の切り方　P.45
- Q.75　家事参加　P.87

かむ
- Q.18　よくかむのはなぜ　P.29
- Q.44　かみごたえのある食べ物　P.55

感謝
- Q.12　ごみ問題 残食量　P.23
- Q.15　食育月間　P.27
- Q.46　茶わん一杯の米は何粒？　P.57
- Q.47　地域の人に感謝を伝える方法　P.59
- Q.61　食事のあいさつ　P.73

給食
- Q. 3　給食当番1 配ぜん時　P.15
- Q. 4　給食当番2 盛りつけ時　P.15
- Q.40　給食の食品構成　P.51
- Q.57　学校給食の歴史　P.69
- Q.58　学校給食の献立　P.69
- Q.76　地場産物を取り入れよう　P.87

旬
- Q. 5　旬・春食材　P.17
- Q.23　旬・夏食材　P.35
- Q.37　旬・秋食材　P.49
- Q.51　旬・冬食材　P.63

食事マナー
- Q. 8　正しい食器の並べ方　P.19
- Q.32　はしづかい　P.43
- Q.38　魚の盛りつけ（向き）　P.49
- Q.45　茶わん　P.57
- Q.59　食べる順序　P.71
- Q.60　食事のマナー　P.71
- Q.69　はしの持ち方　P.81
- Q.70　食事のマナー フォークとナイフ　P.81

食中毒・かぜ
- Q.26　飲み物と食中毒　P.37
- Q.49　ノロウイルス　P.61
- Q.50　かぜの時の食事　P.61

食文化
- Q.14　茶寿とは　P.25
- Q.27　おにぎり？ おむすび？　P.39
- Q.56　春の七草 七草がゆ　P.67
- Q.63　節分　P.75
- Q.71　江戸時代の花見　P.83
- Q.72　赤飯はなぜ赤い？　P.83

食物アレルギー
- Q. 7　アレルギーを起こす食べ物　P.19

食料自給（食の安全）
- Q.11　食料自給率　P.23
- Q.68　トレーサビリティー　P.79

スポーツと栄養
- Q.41　目指せスポーツ選手　P.53

食べ物
- Q. 2　牛乳は生乳100%　P.13
- Q.21　この食べ物はなに？ じゃがいも　P.33
- Q.22　この食べ物はなに？ トマト　P.33
- Q.24　とうもろこしパワー　P.35
- Q.36　この食べ物はなに？ いも類　P.47
- Q.42　魚漢字クイズ　P.53
- Q.48　果物の購入量　P.59
- Q.52　かぶの種類　P.63
- Q.55　みかんの食べ方　P.67
- Q.62　ほうれんそう　P.73

手洗い
- Q. 9　手の洗い残しやすい部位　P.21
- Q.16　食事の前の手洗い状況　P.27

届くまでシリーズ
- Q.19　届くまで 牛乳編　P.31
- Q.28　届くまで 豚肉編　P.39
- Q.33　届くまで 卵編　P.45

豆・豆製品
- Q.64　豆の種類　P.75
- Q.65　姿をかえる大豆　P.77
- Q.66　しょうゆ　P.77

野菜の花
- Q.10　野菜の花 さやえんどう　P.21
- Q.35　野菜の花 にんじん　P.47

4月 Q.1 朝食なしの欠点

Q.「朝ごはんを食べてから登校しましょう」といわれています。朝ごはんをとることは、なぜ大切なのでしょう？

1. 学習に集中するため
2. 生活リズムをととのえるため
3. 1日に必要な栄養を3回にわけてとるため

4月 Q.2 牛乳は生乳100%

Q. ジュースなどには果汁100%や30%などの表示がしてあります。では、牛乳は生乳なん%でしょう？

1. 30%　　2. 50%　　3. 100%

4月 Q.1 朝食なしの欠点　　　　　　　　　　　　　関連ページ：P.89・P.90・P.91

　夜、食べたものは朝になる頃には消化されていて、脳や体はエネルギーが不足しています。そのままでは、学習に集中することができません。

　また、1日にいろいろな種類の食品をとることによって、バランスのよい食事になるといわれています。朝ごはんをとらないで、給食と夕食の2回しか食べないと、食品数や栄養素、エネルギー量をバランスよくとることは難しくなります。

　朝ごはんをとることで、脳や体にエネルギーを補給したり、生活リズムをととのえたりする効果があります。学習に集中して、元気にすごすためにも、朝ごはんをきちんと食べて、登校するようにしましょう。

Q.「朝ごはんを食べてから登校しましょう」といわれています。朝ごはんをとることは、なぜ大切なのでしょう？
1. 学習に集中するため
2. 生活リズムをととのえるため
3. 1日に必要な栄養を3回にわけてとるため

重　健　選　感　社　文

先生へ　朝食は英語で、ブレックファストといいます。「断食（fast）を破る（break）」という意味です。3食きちんと食べるからこそ、必要な栄養素をバランスよくとることができます。また、生活のリズムもととのうということを伝えましょう。

PDF：授業展開構想図　Word：指導案・がんばりカード

4月 Q.2 牛乳は生乳100％

　牛乳は、牛の乳をしぼったものだけでつくられています。つまり何も混ぜない牛の乳だけを飲んでいることになります。

　牛乳は、しぼった牛の乳を殺菌したり、かき混ぜたりして、安心で安全な、さらに消化吸収しやすい状態にして、みなさんのもとへ届けられます。牛乳は牛の乳房から容器まで、空気にほとんど触れないでつくられています。

　毎日、給食に出る牛乳は、成長期に必要なカルシウム、たんぱく質、ビタミンなどが豊富な食品です。また、グラタンやシチューの時はルウに加えたり、生乳を加工したチーズやヨーグルトなどとしても出したりしています。

Q. ジュースなどには果汁100％や30％などの表示がしてあります。
では、牛乳は生乳なん％でしょう？
なん％？
1. 30％　　2. 50％　　3. 100％

重　健　選　感　社　文

先生へ　毎日飲んでいる牛乳は、100％生乳だからこそ、季節によって脂肪分の違いを感じることができます。夏は脂肪分が少なく、さらっとしていて、冬は脂肪分が多く、濃厚さがあります。牛乳を味わいながら季節の変化を感じてみてはいかがでしょう。

4月 Q.3 給食当番1 配ぜん時

Q. 給食当番の正しい身じたくは、次のうち、どれでしょう？

1.   2.   3.

4月 Q.4 給食当番2 盛りつけ時

Q. 給食当番で盛りつけ担当になった時、気をつけることはなんでしょう？

1. 好きな子に多めによそう
2. 食器を落とさないようにする
3. 足りなかったり、あまったりしないように上手にわける

4月 Q.3 給食当番1 配ぜん時

　給食当番が身じたくをととのえるのには、意味があります。それは、配ぜんをする時に、服や体についた汚れやほこり、髪の毛を落とさないように、また、つばが飛んでしまわないようにするためです。

　1の人はマスクから鼻が出ています。マスクは、鼻からあごまでをしっかり覆いましょう。3の人は帽子（三角きん）から髪の毛が出ています。これでは髪の毛が落ちてしまうかもしれません。髪の毛は帽子（三角きん）の中におさめましょう。

　また、きれいに手を洗って、おしゃべりをしないで丁寧に配ぜんをします。みんなが気持ちよく食事ができるようにしましょう。

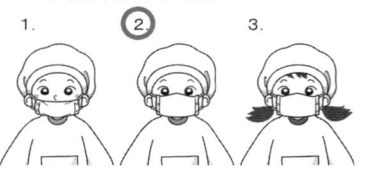

先生へ	給食当番の中に、下痢、発熱、腹痛、嘔吐をしている子がいないか、衛生的な服装ができているか、手指は確実に洗ったかを必ずチェックしましょう。また、体調が悪い時は、保護者から連絡をしてもらうか、当番ができないことを自分でいうように指導しておきましょう。

4月 Q.4 給食当番2 盛りつけ時

　給食当番は、みんなが平等になるように盛りつけましょう。

　2は手が滑って食器を落としてしまうことがないようにしましょう。落としてしまうと割れてしまったり、食缶の中に入ってしまったりするので、気をつけて配ぜんしましょう。3の上手にわけるためには、こつがあります。ごはんなどは最初に大まかに何等分かにわけて目安をつけます。その後、さらに、等分になるように食器に盛りつけることで、均等にわけることができます。スープなどの汁物は、底の方から具をかき混ぜながら盛りつけましょう。前の人は汁だけ、後ろの人は具だけにならないように、盛りつけることができます。

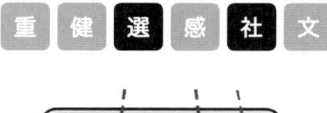

先生へ	目安を立てるように指導することで、盛り残しや偏った盛り方を減らすことができます。配分の見当をつけながら盛りつけることは、分数や割り算などの学習につながります。家庭で手伝いをしている子どもは上手に盛りつけができます。家庭の手伝いと連携した指導も効果的です。

04Apr.pptx：上手に盛りつけるこつ

4月 Q.5 旬・春食材

Q. たけのこ、さわら、グリンピース、なばなは、いつが旬の食べ物でしょう？

1. 春　　2. 夏　　3. 冬

4月 Q.6 カルシウムの多い食べ物

Q. 豆腐、納豆、こまつな、ひじき、しらす干しなどにたくさん入っている栄養素はなんでしょう？

1. 熱や力になる炭水化物
2. 骨や歯をつくるカルシウム
3. 肌がつるつるになるビタミンC

4月 Q.5 旬・春食材

たくさんとれて、おいしく、栄養たっぷりの時季の食べ物を「旬」といいます。

たけのこは、地面の下にもぐった茎からはえます。ゆでたたけのこについている白い粉は、チロシンといううま味のもとです。グリンピースは、えんどうまめを若いうちに収穫したものです。豆ごはんやあえ物、炒め物などの彩りにも使われます。なばなは、ビタミンや無機質、食物繊維などがたくさん入っていて、栄養価の高い緑黄色野菜です。さわらは、魚へんに春と書き、春に沿岸部に産卵に来るので、「春を告げる魚」といわれています。

春は山菜や若菜なども多く出回ります。給食の中から、春が旬の食品を探してみましょう。

Q. たけのこ、さわら、グリンピース、なばなは、いつが旬の食べ物でしょう？
① 春　2. 夏　3. 冬

先生へ　給食では入学進級祝い献立として、たけのこごはんや三色ごはん、新じゃがいもの煮物などをつくっています。担任や栄養士の「今日の献立は春の香りがするね」の一言から、旬の食べ物の話が広がることもあります。献立表から春らしい献立や、旬の野菜などを見つけさせてみましょう。

4月 Q.6 カルシウムの多い食べ物

カルシウムといえば牛乳！　と思う人が多いかもしれません。しかし、豆や野菜類にもカルシウムはたくさん入っています。

骨や歯を丈夫にするカルシウムは毎日とることが望ましいのです。牛乳や乳製品以外に、豆や野菜、小魚などからもカルシウムをとって骨を丈夫にしましょう。

成長期の今からカルシウムをとって「骨のカルシウム貯金」を増やしておくことが大切です。年を取った時に、骨粗しょう症という骨がもろく、すかすかになる病気になりにくい体になります。

将来の健康のためにも、毎日の食事からカルシウムをとるように心がけましょう。

Q. 豆腐、納豆、こまつな、ひじき、しらす干しなどにたくさん入っている栄養素はなんでしょう？
1. 熱や力になる炭水化物
② 骨や歯をつくるカルシウム
3. 肌がつるつるになるビタミンC

先生へ　木綿豆腐や糸引き納豆には、カルシウムが多く含まれています。牛乳・乳製品が苦手な子どもには、大豆製品などからカルシウムをとることができることを知らせましょう。こまつなやしらす干しなどにもカルシウムは多く含まれているので、上手に組み合わせてとるように指導しましょう。

4月 Q.7 アレルギーを起こす食べ物

Q. 特定の食べ物を食べると、体調が悪くなってしまうアレルギー体質の人がいます。どんな食べ物でアレルギー症状が起きるのでしょう？

1. 卵、小麦、えび、かに
2. 牛乳・乳製品、落花生、そば
3. もも、りんご、バナナ

5月 Q.8 正しい食器の並べ方

Q. 食器が正しく並んでいるのはどれでしょう？

1.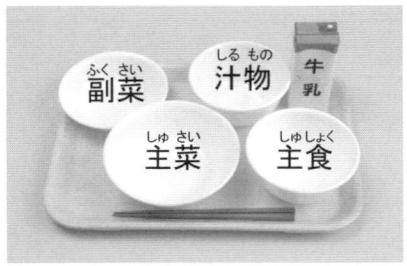

3.

2.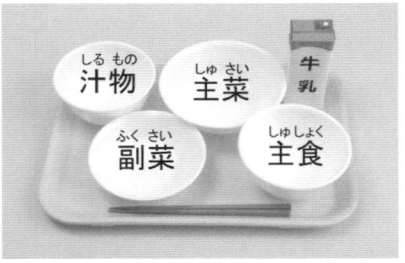

4月 Q.7 アレルギーを起こす食べ物

アレルギーを起こすことは命にかかわることなので、市販の食品には1、2を使った食べ物（特定原材料といいます）を必ず表示することになっています。また、あわび、いか、いくら、オレンジ、キウイフルーツ、牛肉、くるみ、さけ、さば、大豆、とり肉、バナナ、豚肉、まつたけ、もも、やまいも、りんご、ゼラチンなどは、表示した方がよいといわれている食品です。アレルギーを起こす原因になる食品は人によって違います。米や果物などでもアレルギーを起こす人がいます。

給食を食べている時などに自分や友だちのようすがおかしいと感じた場合は、すぐに先生や周りのおとなの人に伝えてください。

Q. 特定の食べ物を食べると、体調が悪くなってしまうアレルギー体質の人がいます。どんな食べ物でアレルギー症状が起きるのでしょう？

1. 卵、小麦、えび、かに
2. 牛乳・乳製品、落花生、そば
3. もも、りんご、バナナ

先生へ	食物アレルギーの子どもは原因食品を食べたくても食べることができないということをクラスに周知しましょう。また、食物アレルギーはアナフィラキシーショックを起こしたり、食後の運動や遊びによって状態が急変したりすることもあります。事故が起こる前に対応できる体制を日頃からととのえておきましょう。

5月 Q.8 正しい食器の並べ方

1の食器の並べ方は、右手前にごはん、右奥に汁物、おかずは真ん中に置くことで、おかずを中心に食べたい気持ちがあらわれている並べ方ですが、間違った並べ方です。

左側にごはん、右側に汁物を置くことが正しいマナーとして、昔から伝えられています。つまり、3が正しい並べ方です。

牛乳は汁物の奥、おかず（主菜）の右奥側に置きます。右奥に飲み物を置くことでこぼしにくくなるそうです。給食の時に、牛乳をよくこぼしてしまう人は、右奥に置くことを確認するようにしましょう。

Q. 食器が正しく並んでいるのはどれでしょう？

先生へ	給食を通して、望ましい食習慣を身につけることができます。給食当番がサンプルケースを見て正しい並べ方を確認したり、伝えたりすることを当番の役目にしている学校もあります。また、牛乳の置き方を注意するだけでもこぼす回数が減ってきます。日々の給食時間に確認していきましょう。

5月 Q.9 手の洗い残しやすい部位

Q. 手洗いで洗い残しが多いのはどこでしょう？

1. 指先
2. 指と指の間
3. 手首

5月 Q.10 野菜の花 さやえんどう

Q. これはなんの花でしょう？

1. えだまめ
2. さやえんどう
3. そらまめ

5月 Q.9 手の洗い残しやすい部位

これは、洗い残しやすい部位です。

手を洗うことは、食中毒や病気にならないために大切なことです。ばい菌を体の中に入れないためにも、丁寧に手を洗いましょう。

手の洗い方 一覧

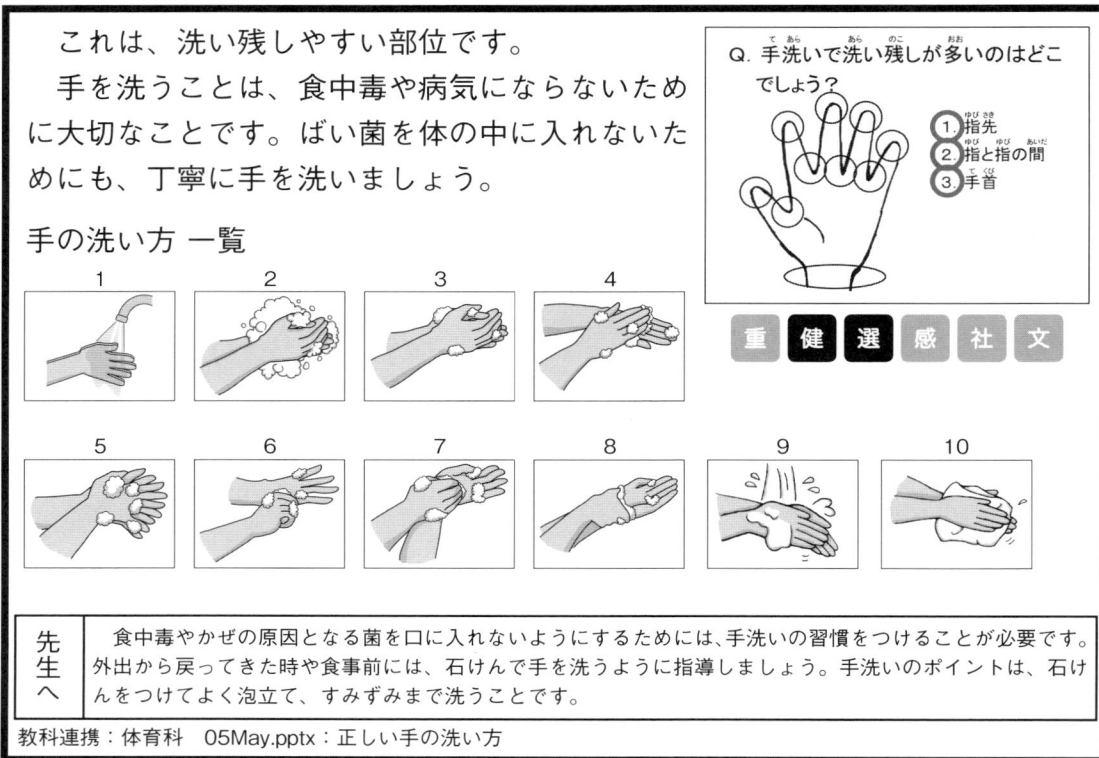

先生へ	食中毒やかぜの原因となる菌を口に入れないようにするためには、手洗いの習慣をつけることが必要です。外出から戻ってきた時や食事前には、石けんで手を洗うように指導しましょう。手洗いのポイントは、石けんをつけてよく泡立て、すみずみまで洗うことです。

教科連携：体育科　05May.pptx：正しい手の洗い方

5月 Q.10 野菜の花 さやえんどう

さやえんどうは未熟な豆を若いさやごと食べる野菜です。きれいな緑色のため、彩りや季節感を出すのによく使われます。花は、赤紫色や白色のチョウに似た形をしています。

関東では薄くて小さな絹さやが、関西では大型のオランダサヤエンドウがよく使われています。さやえんどうの中の豆がこれよりも大きく成長するとグリンピースに、さらに成熟するとえんどうまめ（乾燥）になります。中央アジア原産で、日本には江戸時代に伝わったといわれています。当時はさやえんどう用、グリンピース用、えんどうまめ用と品種がわかれておらず、明治になってから、わけて栽培されるようになったとされています。

先生へ	さやえんどうにはビタミンCが多く含まれています。一方で、成熟したえんどうまめ（乾燥）には、ほとんど含まれていません。このように未熟なものには含まれていたビタミンCが、成熟するとほとんどなくなるのは、えだまめと大豆にも見られます。

教科連携：理科

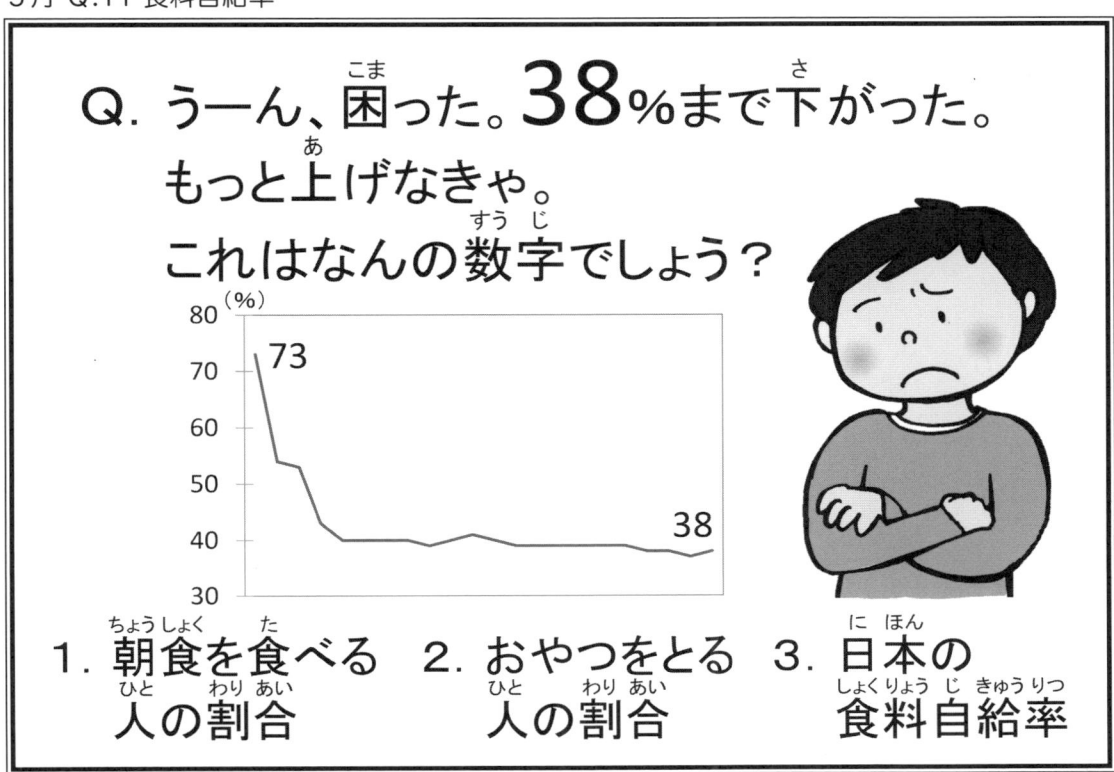

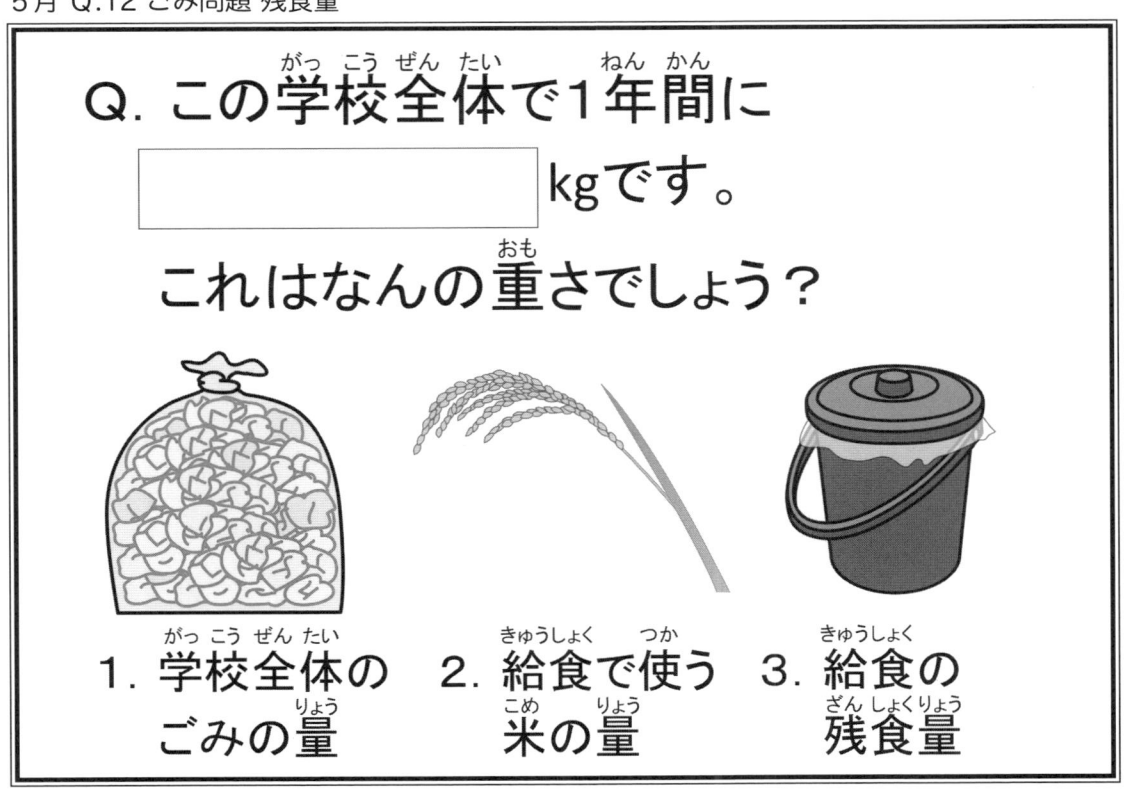

5月 Q.11 食料自給率

Q. うーん、困った。38%まで下がった。
もっと上げなきゃ。
これはなんの数字でしょう？

1. 朝食を食べる人の割合
2. おやつをとる人の割合
3. 日本の食料自給率

5月 Q.12 ごみ問題 残食量

Q. この学校全体で1年間に
□□□ kgです。
これはなんの重さでしょう？

1. 学校全体のごみの量
2. 給食で使う米の量
3. 給食の残食量

※空欄に1年間の給食の残食量を記入してからご活用ください。

5月 Q.11 食料自給率

食料自給率（カロリーベース）は、その国で食べられている食料のうち、どのくらいがその国でつくられたものなのかの割合をあらわしています。

ほかの国の自給率は、アメリカが約130％、フランスが約130％、イギリスが約60％です。このことから、先進国といわれる国の中でも特に日本の自給率が低いことがわかります。

今、日本で食べられている食べ物の約60％がほかの国から輸入されたものです。もし、なんらかの理由で輸入がストップした場合、今まで食べられていたものが食べられなくなります。自給率を上げるために、自分たちができることはなんでしょうか？　みんなで考えてみましょう。

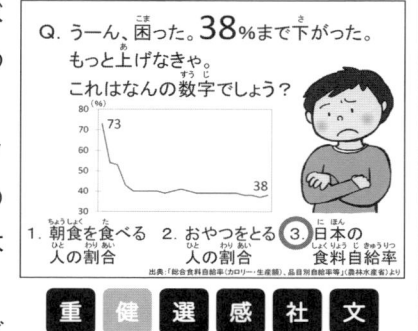

先生へ｜食料自給率が下がった要因として、食生活の洋風化により、自給率の低い畜産物（肉、乳製品など）や油の消費が増え、自給率の高い米の消費が減ったことと、この消費の変化に生産が対応できなかったことなどがあげられます。国内の生産物を使うことで、第一次産業の活性化につながると期待されています。

教科連携：社会科　　05May.pptx：もしも輸入がストップしたら

5月 Q.12 ごみ問題 残食量

みなさんは苦手な食べ物がありますか？　もしその食べ物が給食に出てきたらどうしますか？

この学校では、1年間にこれだけの量の給食が残されています。残された給食は多くの場合、そのまま捨てられてしまいます。みなさんそれぞれに、どうしても食べられない、きらいな食べ物もあると思います。しかし、食べ残した分は捨てられてしまうということを、心に留めておいてください。

また、成長期の自分の体にどのような栄養が必要なのかを考えて、苦手なものでも、もう一口食べる努力をしましょう。1人ひとりの一口分が、給食の残食量を減らすことにもつながります。

先生へ｜「食べてほしい」という気持ちを伝えるために、1年間でどのくらい給食が残されているのかを示し、また、1人当たりに換算するとどのくらいになるのかを知らせてみましょう。5月30日（ごみゼロの日）に実施するとさらに効果が高まるでしょう。

教科連携：社会科

5月 Q.13 赤・黄・緑にわけてみよう

Q. 次の給食に使われているおもな食べ物をそれぞれ、赤・黄・緑にわけました。正しい組み合わせはどれでしょう？

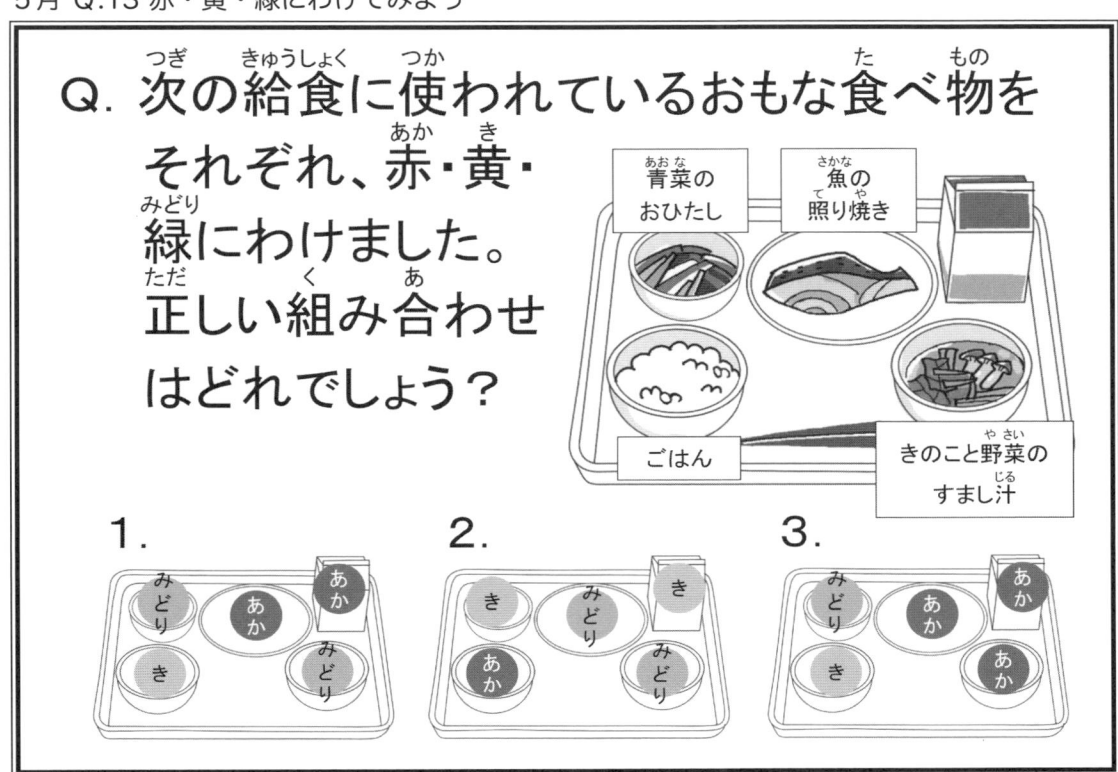

5月 Q.14 茶寿とは

Q.「茶寿」とは、なんのことでしょう？

1. お祝いのお返しに、お茶を渡す習慣
2.「お茶を飲む人は幸せになる」といういい伝え
3. 108歳のお祝いのこと

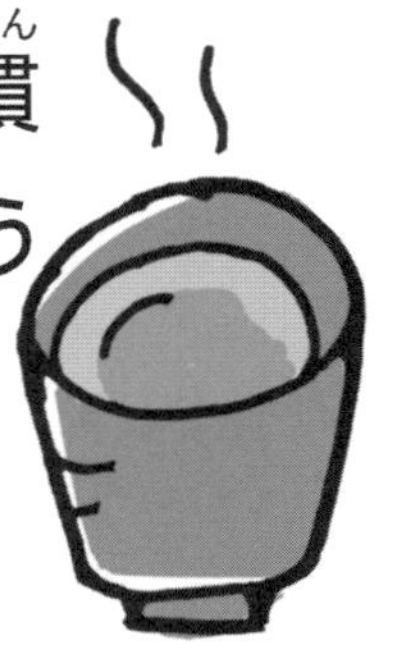

5月 Q.13 赤・黄・緑にわけてみよう

　この赤・黄・緑は、食べ物を体の中でのおもな働きによってわけた3つのグループです。

　赤のグループは魚、肉、卵、大豆、牛乳などの「おもに体をつくるもと」になる食べ物です。黄のグループは米やパン、油などの「おもにエネルギーのもと」になる食べ物です。緑のグループは野菜などの「おもに体の調子をととのえる」食べ物です。

　ごはんは黄のグループ、牛乳は赤のグループ、青菜のおひたしは緑のグループになります。魚の照り焼きは赤のグループに、きのこと青菜のすまし汁は、緑のグループにわけられます。毎回、3つのグループをそろえてとれば、バランスのよい食事になります。

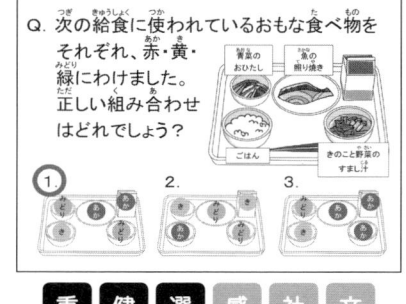

先生へ	給食は赤・黄・緑の食品を使い、栄養バランスのよい献立を立てています。普段よく食べている料理には、何色の食品が使われていて、体の中でどんな働きをしているのか、子どもが気づくように指導しましょう。

教科連携：家庭科

5月 Q.14 茶寿とは

　茶という字をばらばらにすると、十が2つ（草かんむり）と八十八（つくり）になります。これを全部足すと、（10＋10＋88）で108です。そこで、数え年108歳の祝いを茶寿と呼んでいます。

　長寿の祝いはほかにもあります。数え年61歳は「還暦」、数え年88歳の「米寿」は「米」を分解すると八十八に、99歳の「白寿」は百から一をとると白になるなど、しゃれを効かせた読み方をしています。また77歳の「喜寿」の「喜」や80歳の「傘寿」の「傘」の字を、くずして書くとそれぞれ七十七と八十になるなどもあります。

　それぞれ、名前の由来などを調べてみてもおもしろいでしょう。

先生へ	2060年には2.5人に1人が65歳以上の高齢者となります。いつまでも元気ですごすためには、運動や休養を心がけること、バランスのとれた食べ物を規則正しく食べることが大切です。今のうちから規則正しい生活を習慣づけるように導きましょう。

05May.pptx：「茶」・「米」の分解

6月 Q.15 食育月間

Q. 6月は食べ物に関する「　　　　　月間」です。

なに月間でしょう？

ヒント、毎月19日とも関係があります。

1. 好きなものを食べる「給食月間」
2. 苦手な食べ物を食べる「チャレンジ月間」
3. 食について考える「食育月間」

6月 Q.16 食事の前の手洗い状況

Q. アンケートをとったところ、あることをいつもしている人が、小学校男子で40.4％、小学校女子で46.0％いました。あることとはどんなことをしているのでしょう？

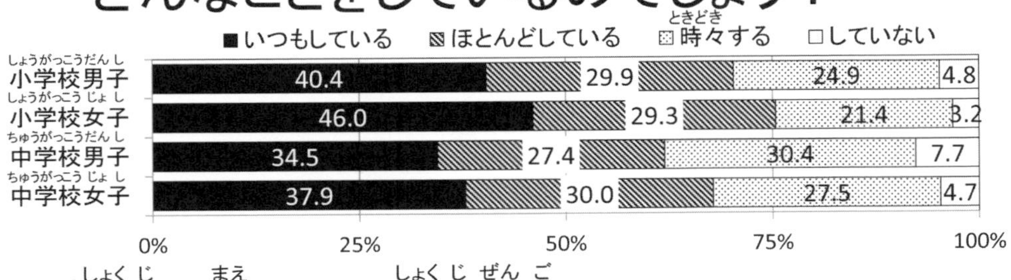

■ いつもしている　▨ ほとんどしている　▩ 時々する　□ していない

小学校男子	40.4	29.9	24.9	4.8
小学校女子	46.0	29.3	21.4	3.2
中学校男子	34.5	27.4	30.4	7.7
中学校女子	37.9	30.0	27.5	4.7

1. 食事の前の手洗い
2. 食事前後のあいさつ
3. 「おいしかった」とつくってくれた人に伝えること

出典：『平成22年度児童生徒の食事状況等調査（食生活実態調査編）』（独立行政法人日本スポーツ振興センター）より

6月 Q.15 食育月間

　食育とは、心や体の健康を守るために、食べることについてのいろいろな教育を行うことをいいます。

　毎月19日は、「1」を「い」、「9」を「く」と読み、「食育の日」とされています。また、毎年6月は「食育月間」となっています。

　みなさんは、体によい食事をしていますか？　毎日、規則正しく食事をしていますか？　毎回、農業・漁業・畜産業をしている人たちや食事をつくってくれた人たちに感謝をして食べていますか？　いろいろな人に感謝しながら、よい食べ方を身につけ、食について考えるのが19日の食育の日であり、6月の食育月間なのです。

Q. 6月は食べ物に関する「　　　　月間」です。
なに月間でしょう？
ヒント、毎月19日とも関係があります。
1. 好きなものを食べる「給食月間」
2. 苦手な食べ物を食べる「チャレンジ月間」
3. 食について考える「食育月間」

重　健　選　感　社　文

先生へ	「食育の日」が定着してきたのではないでしょうか？　さらに6月の食育月間には、いつも以上に食に関して考えさせる機会を持ちましょう。残食量を調べさせたり、「いただきます」や「ごちそうさまでした」の意味を説明したりすることもよいでしょう。

6月 Q.16 食事の前の手洗い状況

　このアンケートから、毎日食事の前に手を洗っている人は、全体の約40％ということがわかりました。「していない」と答えた人は、小学校男子で4.8％、小学校女子で3.2％でした。手を洗わない人たちは、給食などでパンを食べる時も汚れた手のまま、パンをつかんで食べていることになります。

　手についたかぜなどの原因になるウイルスや食中毒菌は、食べ物などを通して、口から入ります。かぜや食中毒を予防するためにも、食事前、トイレの後、帰宅時の手洗いは習慣づけるようにしましょう。その時、ぬれた手をそのままにしたり、服でふいてしまったりしないように、ハンカチを忘れずに身につけておきましょう。

Q. アンケートをとったところ、あることをいつもしている人が、小学校男子で40.4％、小学校女子で46.0％いました。あることとはどんなことをしているのでしょう？

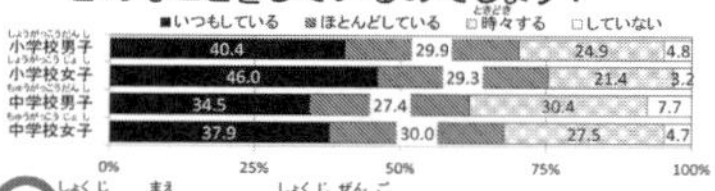

■いつもしている　■ほとんどしている　■時々する　■していない

	いつもしている	ほとんどしている	時々する	していない
小学校男子	40.4	29.9	24.9	4.8
小学校女子	46.0	29.3	21.4	3.2
中学校男子	34.5	27.4	30.4	7.7
中学校女子	37.9	30.0	27.5	4.7

1. 食事の前の手洗い　2. 食事前後のあいさつ　3. 「おいしかった」とつくってくれた人に伝えること

出典『平成22年度児童生徒の食事状況等調査（食生活実態調査）』独立行政法人日本スポーツ振興センターより

重　健　選　感　社　文

先生へ	「いつも洗っている」と答えた児童・生徒は約40％程度でした。「ほとんど洗っている」と合わせても、約70％程度という結果が出ています。自校の児童・生徒はどのくらいの割合でしょうか？　給食当番の子どもたちはもちろん、パン食の献立の時には、いつも以上に全員に手をよく洗ってから席に着くように促しましょう。

教科連携：体育科

6月 Q.17 まごはやさしい

Q. バランスよく食べるための目安として、食品の頭文字を並べた言葉はどれでしょう？

1. まごはかわいい
2. まごはおもしろい
3. まごはやさしい

6月 Q.18 よくかむのはなぜ

Q. よくかまなければいけないのは、なぜでしょう？

1. だ液を出すため
2. 食べすぎを防ぐため
3. 脳内の記憶する場所を刺激するため

6月 Q.17 まごはやさしい

「まごはやさしい」とは、「ま」豆、「ご」ごまなどの種実類、「は（わ）」わかめなどの海藻類、「や」野菜、「さ」魚、「し」しいたけなどのきのこ類、「い」いも類の頭文字を並べた言葉です。これらは、主食のごはんに合い、毎日の食事で昔から食べ継がれてきたからこそ日本は長寿国になったともいわれています。「まごはやさしい」は、生活習慣病の予防に役立ったり、抵抗力を高めたり、骨を丈夫にしたりするなど健康によい食品ばかりです。

これらは1食ですべてをそろえることは難しいので、3食で上手に組み合わせましょう。ただし野菜は、毎回の食事で取り入れて、よりバランスのとれた食生活を心がけましょう。

Q. バランスよく食べるための目安として、食品の頭文字を並べた言葉はどれでしょう？

1. まごはかわいい
2. まごはおもしろい
③ まごはやさしい

| 先生へ | 毎日の給食は、バランスのよい給食を提供するための基準に沿って、献立が立てられています。子どもたちにバランスよく食べることの大切さを理解させ、苦手なものも少しずつでも食べる努力をするように促しましょう。 |

06Jun.pptx：まごはやさしい食材

6月 Q.18 よくかむのはなぜ

1は、食べ物を口に入れてかむと、だ液が出ます。だ液はかみ砕いた食べ物と混ざり、消化を助ける働きがあります。また有害な細菌を減らす効果があるので、より安全なものが体に入ることになります。ほかにもむし歯予防の働きがあります。

2は、ものを食べると脳にある満腹中枢が、「おなかがいっぱいになった」と指令を送ってきます。早食いをしていると脳が情報をキャッチする前に食べすぎてしまいます。そのため、よくかむことで食べすぎを防ぎ、肥満予防に効果があるのです。

3は、かむことで脳の血の巡りがよくなります。脳の記憶をする場所が刺激されるので、記憶力が高まるといわれています。

Q. よくかまなければいけないのは、なぜでしょう？

① だ液を出すため
② 食べすぎを防ぐため
③ 脳内の記憶する場所を刺激するため

| 先生へ | よくかむことで、食べ物の本来の味がわかるようになります。やわらかさ、かたさなどのかみごたえを味わうこともおいしさを感じる1つです。給食時間に簡単にできますので、どのくらいかむとよいのか、体験させてみてはいかがでしょう。 |

PDF：授業展開構想図　Word：指導案

6月 Q.19 届くまで 牛乳編

Q. 機械でしぼる→工場で検査→混ぜる（均質化）→殺菌→詰める→出荷。なにが届くまでの工程でしょうか？

1. ラーメン

2. 牛乳

3. フルーツジュース

6月 Q.20 丈夫な骨を目指して

Q.「あっ 痛い！」1年間で85,482人。この数字はなんでしょう？

1. 歯が折れた小学生の数
2. 骨を折った小学生の数
3. やけどをした小学生の数

出典：『学校の管理下の災害［令和元年版］』（独立行政法人日本スポーツ振興センター）より

6月 Q.19 届くまで 牛乳編

給食には欠かせない牛乳です。牛乳は牛の乳からつくられています。牧場でミルカーという機械を使って乳をしぼり、工場に運びます。工場ではまず、しぼった牛乳が安全かどうかを検査します。次に、消化をよくするために牛乳をよくかき混ぜます。これを均質化といいます。その後、殺菌をして、びんやパックに詰めて出荷されます。

わたしたちが飲む牛乳は生乳100％でできています。牛乳の成分や殺菌の方法などが細かく決められていて、ほかのものを混ぜると、「加工乳」や「乳飲料」となり、「牛乳」と表示できなくなります。わたしたちが牛乳を飲むことができるのは、牛が毎日、乳を出してくれるおかげなのです。

Q. 機械でしぼる→工場で検査→混ぜる（均質化）→殺菌→詰める→出荷。なにが届くまでの工程でしょうか？
1. ラーメン　②牛乳　3. フルーツジュース

先生へ　牛によってかわりますが、1頭の乳牛から1日に約20～30Lの生乳が出ます。1人当たり200mLとすると、1頭で100～150人分の生乳が出せることになります。30人学級では5日分に当たるなど、身近な数と比較すると理解しやすくなります。また、6月1日は牛乳の日、6月は牛乳月間でもあります。

教科連携：社会科　PDF：単元展開構想図　Word：指導案

6月 Q.20 丈夫な骨を目指して

小学生が骨折する事故は、毎年、起こっています。低学年は転びそうな時、すぐに手をつくことができない状況が見られ、高学年になるにつれて骨折の症状が重くなる傾向があります。これには大きくなるにつれて、より激しい運動をするようになる、活動・行動範囲が広がる、骨がもろいなど、さまざまな原因が考えられます。骨がもろくなる原因として、カルシウム不足などがあげられます。

将来、骨がもろくなる骨粗しょう症にならないためには、今のうちからカルシウムを積極的にとることが大切です。カルシウムが多く含まれている牛乳や海藻、小魚、こまつなどをたくさん食べるように心がけましょう。

Q. 「あっ 痛い！」1年間で85,482人。この数字はなんでしょう？
1. 歯が折れた小学生の数
②骨を折った小学生の数
3. やけどをした小学生の数

出典『学校の管理下の災害［令和元年版］』(独立行政法人日本スポーツ振興センター)より

先生へ　学級担任や養護教諭との連携を密にする1つのきっかけとして、自校の骨折した児童数を聞いてみましょう。自校の問題点が明らかになることもあります。また、栄養と健康の指導を協力して行うこともできます。

教科連携：体育科

6月 Q.21 この食べ物はなに？ じゃがいも

Q. ①飢きんの時に役立った食べ物です。
②男爵、メークイン、キタアカリなど、たくさんの種類があります。
この食べ物はなんでしょう？

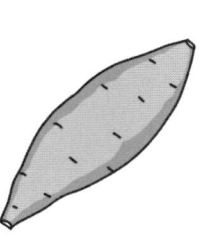 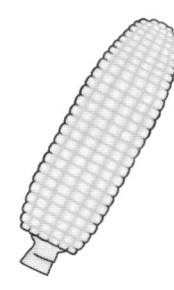 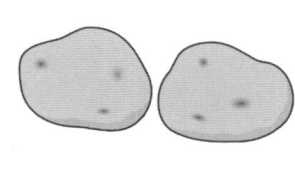

1. さつまいも　2. とうもろこし　3. じゃがいも

7月 Q.22 この食べ物はなに？ トマト

Q. 江戸時代は見るだけの植物でした。西洋では、これが「赤くなると医者が青くなる」といわれています。食べ頃には、赤色や黄色をしています。
さて、この食べ物はなんでしょう？

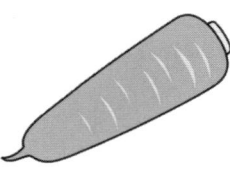  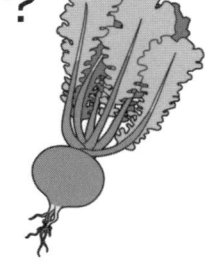

1. にんじん　2. トマト　3. 赤かぶ

6月 Q.21 この食べ物はなに？ じゃがいも

じゃがいもは栽培しやすく、長く保存でき、ビタミンCがいも類の中で一番たくさん入っています。また、いも類のビタミンCはでんぷんに守られているので熱に強く、壊れにくいのが特長です。

原産地は、南アメリカのアンデス山地で、スペイン人がヨーロッパに広めたとされています。初めは見るだけの植物でしたが、小麦が不作の時に食用として広まりました。日本においても飢きんの時に役立ちました。

給食では、ほくほくとした食感が特徴の「男爵」はマッシュポテトやサラダにします。食感が滑らかで煮くずれしにくい「メークイン」は肉じゃがなどの煮物や揚げ物に使います。

Q. ①飢きんの時に役立った食べ物です。
②男爵、メークイン、キタアカリなど、たくさんの種類があります。
この食べ物はなんでしょう？

1. さつまいも　2. とうもろこし　③じゃがいも

重　健　選　感　社　文

先生へ：じゃがいもは、オランダ人によりインドネシア（首都ジャカルタ）から日本に伝わってきたいもなので、ジャガタラいもと呼ばれ、その後じゃがいもというようになったといわれています。
現在は、日本国内での品種改良も盛んに行われ、料理の特徴に合ったいもが、つくられています。

7月 Q.22 この食べ物はなに？ トマト

夏の代表的な野菜の1つであるトマトには、とりすぎた水分を体の外に出してくれるカリウムがたくさん入っています。またリコピンが多く、ビタミンCも入っているので、紫外線で焼けた肌にもうれしい野菜です。このように、トマトにはたくさんの栄養素が入っているため、「トマトを食べると健康によく、医者に行く必要がなくなる。だから、医者が青くなる」と昔からいわれています。トマトが日本に伝わってきたのは江戸時代といわれていて、最初は見るためだけの植物だったそうです。

トマトはサラダにして生で食べてもおいしい野菜ですが、ミートソースなどのソースやスープに入れてもおいしく食べることができます。

Q. 江戸時代は見るだけの植物でした。西洋では、これが「赤くなると医者が青くなる」といわれています。食べ頃には、赤色や黄色をしています。
さて、この食べ物はなんでしょう？

1. にんじん　②トマト　3. 赤かぶ

重　健　選　感　社　文

先生へ：リコピンは、強い抗酸化作用があり、トマトを煮詰めてつくったトマトピューレを食べても、とることができるほど、熱に強い栄養素で、油と一緒にとると吸収率が高まります。生のトマトが苦手という子どもには、スープや炒め煮などをすすめてみてはいかがでしょう。

7月 Q.23 旬・夏食材

Q. トマト、きゅうり、とうもろこしはよく給食に出る食べ物です。これらはいつが旬の食べ物でしょう？

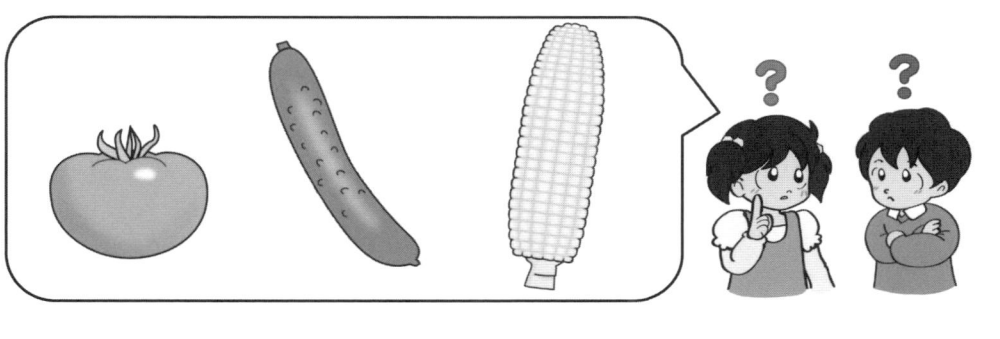

1. 春　　2. 夏　　3. 冬

7月 Q.24 とうもろこしパワー

Q. 穀物の中で一番生産量が多いのはとうもろこしです。それはなぜ？

1. 栄養価が高いから
2. 養分の足りない土地でも栽培できるから
3. 紙、のり、プラスチックなどになるから

7月 Q.23 旬・夏食材

　たくさんとれて、おいしく、栄養たっぷりの時季の食べ物を「旬」といいます。

　きゅうりには、水分やカリウムなどが多く入っています。サラダなどに使われています。いつでも売られていますが、旬は夏です。トマトには、抗酸化作用の強いリコピンがたくさん入っています。スープやソースとしても人気が高い野菜です。とうもろこしには、炭水化物や食物繊維などが多く入っています。焼いたりゆでたりすると、おいしい野菜です。また、夏の果物には、すいかやメロンなどがあります。

　夏の野菜や果物は水分が多く、体を冷やす働きがあります。

Q. トマト、きゅうり、とうもろこしはよく給食に出る食べ物です。これらはいつが旬の食べ物でしょう？
1. 春　②夏　3. 冬

重　健　選　感　社　文

先生へ	給食の献立表から「夏が旬の食べ物」を探させてみましょう。 野菜や果物は水分が多く、食べるとのどの渇きを癒やす効果と体を冷やす働きがあります。水分補給として清涼飲料ばかりではなく、きゅうりやトマトの丸かじりをすすめてみてはいかがでしょう。

7月 Q.24 とうもろこしパワー

　給食でもよく出てくるとうもろこし。とうもろこしには、炭水化物や食物繊維がたくさん入っています。また体に必要な脂肪や、成長・発育さらに疲労回復に重要なビタミンなども入っています。

　わたしたちがよく食べるのはスイート種ですが、ほかにも種類があります。とうもろこしは厳しい環境でも育つため、世界三大穀物（米、小麦、とうもろこし）の中でも生産量が一番多い食品です。ひげは漢方薬やお茶にしたり、皮は乾燥させて工芸品などに加工されたりします。

　とうもろこしのひげ1本に対して、粒が1粒つきます。ひげがたくさんついているものほど、粒のたくさん詰まったとうもろこしになります。

Q. 穀物の中で一番生産量が多いのはとうもろこしです。それはなぜ？
1. 栄養価が高いから
②養分の足りない土地でも栽培できるから
3. 紙、のり、プラスチックなどになるから

重　健　選　感　社　文

先生へ	とうもろこしは、ポップコーン、コーンフレーク、コーン茶などの原料になっています。食品以外にも畜産用飼料やプラスチック、バイオエタノールなど、幅広く加工されます。 食べ物が身近な製品の原料になっていることを示し、子どもたちの興味を広げましょう。

教科連携：社会科

7月 Q.25 卵料理

① グツグツ10分間！
② 油でジュージュー
③ くるくる　目がまわる

Q. いろいろな料理に変身。朝ごはんによく出てくる食品です。この食品はなんでしょう？

1. 豆腐　　2. ウインナー　　3. 卵

7月 Q.26 飲み物と食中毒

Q. 暑い日、外に置いておいた飲みかけの清涼飲料で、食中毒になる？　ならない？　正しいのはどれでしょう？

1. 口の中の細菌が容器の中で多くなり、食中毒になる場合がある
2. 自分が飲んだだけだから、食中毒にならない
3. 太陽のエネルギーで、殺菌されるので、食中毒にならない

7月 Q.25 卵料理

お湯の中で、約10分間ゆでるとゆで卵、油を敷いたフライパンに割り入れて焼くと目玉焼き、かき混ぜたり形をととのえたりして焼くとスクランブルエッグやオムレツなど、卵はさまざまな料理に変身します。

多くの卵料理は、簡単に、しかも短い時間でつくることができます。その上、卵には質のよいたんぱく質がたくさん入っているので、朝ごはんのおかずに便利な食品です。さらに、チーズやハム、季節の野菜を入れるなどのひと工夫をすると、よりよい朝ごはんのおかずになります。

手軽にできておいしい、卵料理を実際につくってみましょう。

①グツグツ10分間！
②油でジュージュー
③くるくる 目がまわる
Q. いろいろな料理に変身。朝ごはんによく出てくる食品です。この食品はなんでしょう？
1. 豆腐　2. ウインナー　③卵

| 重 | 健 | 選 | 感 | 社 | 文 |

先生へ　ゆで卵は、半熟、完熟と好みはさまざまです。例えば「12分間ゆでるかたゆでが好き」などといってみると、何分間ゆでると自分の好みのかたさになるかを試してみたくなるかもしれません。そこから自分で料理をつくってみる気持ちが高まることにもつながるのではないでしょうか。

教科連携：家庭科

7月 Q.26 飲み物と食中毒

人の皮膚や口の中などには、さまざまな細菌（常在細菌）がいます。普段は人に害はありませんが、数が増えすぎると、問題を起こす場合があります。

ペットボトルに直接口をつけて飲むと、飲み物の中に、口の中の細菌が入り込みます。直接口をつけた飲みかけの飲料は、温度が上がると急激に細菌が増えて、食中毒を起こすこともあります。

暑い時期、飲みかけの飲料を炎天下に置かなければならない時は、ペットボトルに直接、口をつけて飲むのではなく、コップに入れて飲むようにしましょう。また、日陰やクーラーボックスに入れるなどの工夫も大切です。そして、なるべく早く飲み終えるようにしましょう。

Q. 暑い日、外に置いておいた飲みかけの清涼飲料で、食中毒になる？ ならない？ 正しいのはどれでしょう？
①口の中の細菌が容器の中で多くなり、食中毒になる場合がある
2. 自分が飲んだだけだから、食中毒にならない
3. 太陽のエネルギーで、殺菌されるので、食中毒にならない

| 重 | 健 | **選** | 感 | 社 | 文 |

先生へ　野外に出かける時、水筒やお弁当の管理が気になります。木陰に置いたり、クーラーボックスに入れたりするなどの配慮が必要です。車内に置きっぱなしにしておいて起こる食中毒もあるようです。野外スポーツをする子どもには必要な知識として伝えておきましょう。

7月 Q.27 おにぎり？ おむすび？

Q. ごはんを握って食べる「おむすび」と「おにぎり」。正しいのは？

おむすび？

おにぎり？

1. おむすび　　2. おにぎり　　3. どちらも正しい

7月 Q.28 届くまで 豚肉編

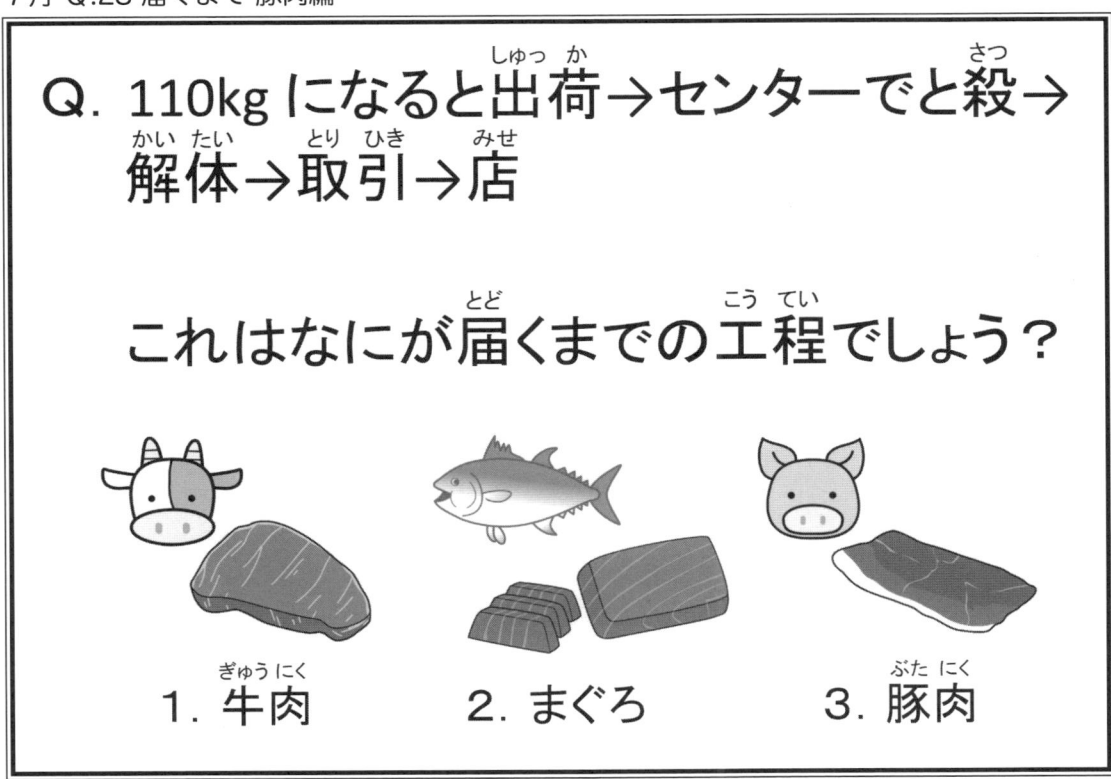

Q. 110kgになると出荷→センターでと殺→解体→取引→店

これはなにが届くまでの工程でしょう？

1. 牛肉　　2. まぐろ　　3. 豚肉

7月 Q.27 おにぎり？ おむすび？

「おむすび」や「おにぎり」は、にぎりめしを丁寧にいう言葉です。東日本では「おむすび」、西日本では「おにぎり」と呼ぶことが多かったようです。また平安時代の貴族の女性たちが「おむすび」と呼び、「たましいを込めたもの」という意味があったともいわれています。戦国時代には戦の際の携帯食として、持ち歩いたといわれています。おにぎりの具として定番の梅干しは、食中毒の予防にもなり、古くから食べられていました。

現在では、梅干し、こんぶ、たらこ、さけなどのほかにも、流通が発達し、低温のまま運べるようになったことで、マヨネーズ味の具や肉を入れた具も売り出されて、人気が高いようです。

Q. ごはんを握って食べる「おむすび」と「おにぎり」。正しいのは？
おむすび？　おにぎり？
1. おむすび　2. おにぎり　③ どちらも正しい

重 健 選 感 社 文

先生へ　手をよく洗っても、細菌はついています。おにぎり（おむすび）をつくる時は、ラップフィルムを茶わんに乗せた後、ごはんや具を入れて、フィルムで包んで握ると衛生的なおにぎり（おむすび）になります。また、野外に行く時の中の具は、腐りにくい食品を選んでつくる知識も必要です。

教科連携：家庭科

7月 Q.28 届くまで 豚肉編

豚は養豚場というところで育てられます。豚の種類などにもよりますが、110kgぐらいになるまで養豚場で育てられ、その後、出荷されます。110kgに育つまでにだいたい180～190日程度かかります。出荷されると、食肉センターでと殺後、背骨から半分に切った状態（枝肉）で、肉の価格が決められます。肉の弾力感や脂身のつき方で値段は大きくかわります。その後、冷蔵されて肉屋に届けられます。

豚肉には、たんぱく質のほかに、糖質をエネルギーにかえてくれるビタミンB群がたくさん入っているので、夏ばてした時や疲れた時に食べると、元気になれます。

Q. 110kgになると出荷→センターでと殺→解体→取引→店
これはなにが届くまでの工程でしょう？
1. 牛肉　2. まぐろ　③ 豚肉

重 健 選 感 社 文

先生へ　現在、さまざまな食品がスーパーなどでいつでも手に入ります。しかし、豚をはじめ、牛やにわとり、魚、野菜などが規格のサイズまで育ったり、つかまえたりするには時間がかかり、多くの人がかかわっているということを子どもたちが気づくように導きましょう。

教科連携：社会科

9月 Q.29 体内時計

Q. 1日は24時間10分？
これはなんの時計でしょう？

1. 江戸時代の時計
2. 人間の体内時計
3. 赤道付近の日時計

9月 Q.30 朝食の必要性

Q. 1週間のうち、朝ごはんを食べない日があると答えた人がいます。朝ごはんを食べない理由として、一番多いのはどれでしょう？

1. 太りたくないから
2. 朝ごはんが用意されていないから
3. 食べる時間がないから

9月 Q.29 体内時計

人間には、1日周期でリズムを刻む「体内時計」という機能が備わっています。日中は体を動かして活動できる状態にして、夜になると眠りにつけるように調節しています。

1日は24時間ですが、この体内時計は24時間より少し長い周期で動いています。この時間のずれを調整するのは、朝の光を浴びることと朝ごはんを食べることです。これによって体が一定のリズムにリセットされ、生体リズムが調節されます。この2つがないと、時間のずれがリセットできず、心や体にさまざまな影響を与えてしまいます。

みなさんも朝起きたら、光を浴び、朝食をしっかりとってから登校しましょう。

> Q. 1日は24時間10分？
> これはなんの時計でしょう？
> 1. 江戸時代の時計
> ② 人間の体内時計
> 3. 赤道付近の日時計

| 重 | 健 | 選 | 感 | 社 | 文 |

先生へ：体内時計を正常に働かせるためには、①朝、決まった時間に太陽の光を浴びる、②必ず朝食をとる、③昼間は、なるべく外で体を動かす、④1日3食規則正しく食べる、勉強をするなども含めて社会のリズムに合わせた生活を送ることが大切です。望ましい生活習慣が身につくように導きましょう。

9月 Q.30 朝食の必要性　　　　関連ページ：P.92・P.93

小中学生に対する調査で1週間のうち、朝ごはんを食べない日がある人は、全体の10％くらいいることがわかっています。

午後7時頃に夕ごはんを食べると、次の朝7時頃の朝ごはんまで約12時間あります。脳や体は寝ている間もエネルギーを使うため、朝起きた時はエネルギー切れの状態になります。この時、朝ごはんをぬくと、脳や体がぼーっとした状態になります。また次に食事をした時、体は「次、いつ食べられるかわからない」と感じ、エネルギーを脂肪として蓄え、太りやすい体になってしまいます。

朝ごはんを食べていない人は、いつもより早めに起きて、朝ごはんを食べるようにしましょう。

> Q. 1週間のうち、朝ごはんを食べない日があると答えた人がいます。朝ごはんを食べない理由として、一番多いのはどれでしょう？
> 1. 太りたくないから
> 2. 朝ごはんが用意されていないから
> ③ 食べる時間がないから

| 重 | 健 | 選 | 感 | 社 | 文 |

先生へ：朝食をとらない弊害として、①学習に集中できなかったり、注意力や記憶力が低下したりする、②体温が低い状態が続き、午前中、体の調子が悪く、疲れやすさを感じる原因になる、③生活リズムが乱れ、規則正しい排便ができなくなるなどがあります。朝食をとって登校するように促しましょう。

教科連携：家庭科　PDF：授業展開構想図　Word：指導案・がんばりカード　09Sep.pptx：朝ごはんレシピ

9月 Q.31 一汁二菜

Q. □に入る数字はなに？

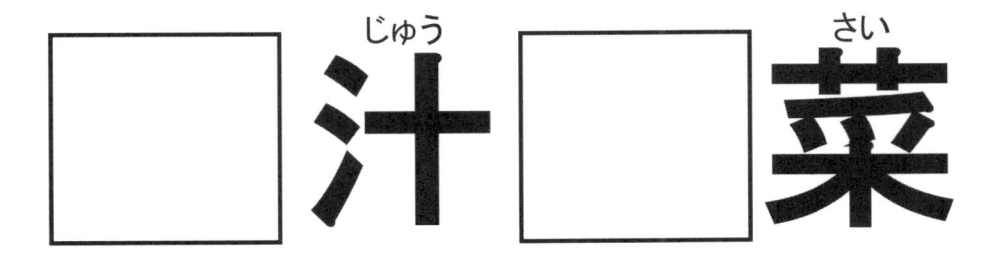

□汁□菜

1. 一と二　　2. 二と三　　3. 三と四

9月 Q.32 はしづかい

Q. 刺し、探り、よせ、迷い、涙
これは、なんのことでしょう？

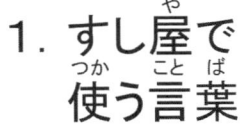

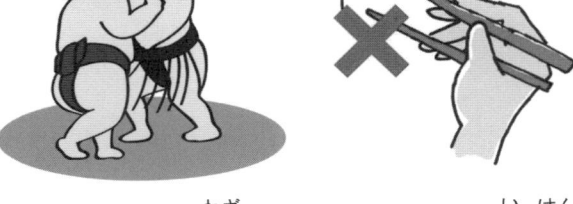

1. すし屋で使う言葉　　2. すもうの技　　3. マナー違反のはしの使い方

9月 Q.31 一汁二菜

　ごはんなどの主食と、汁物、魚や肉などの主菜、野菜などの副菜を1品ずつ。これを「一汁二菜」の食事と呼びます。さらにもう1品副菜がつくと「一汁三菜」となります。この「一汁二菜」や「一汁三菜」が、栄養のバランスがとれた理想的な食事になるといわれています。

　主食はおもにエネルギーに、主菜はおもに体をつくるもとになります。副菜はおもに体の調子をととのえてくれます。いろいろな食品を使うことができるので、さまざまな栄養素をとることができます。

　バランスよく栄養がとれるように、一汁二菜や一汁三菜の献立を心がけましょう。

Q. 口に入る数字はなに？

□汁□菜

① 一と二　　2. 二と三　　3. 三と四

重 健 選 感 社 文

先生へ	家庭科の授業の導入として、一汁二菜や一汁三菜を子どもたちに献立を考えさせる時の手がかりとしてみましょう。好きなものを並べるのではなく、栄養バランスがよく、健康も考えた献立が立てられるように導きましょう。

教科連携：家庭科

9月 Q.32 はしづかい

　それぞれの言葉の後に「はし」がつきます。
刺しばし…食品（いもなど）をはしでつき刺すこと
探りばし…具がないか、料理をはしでかき回すこと
寄せばし…料理が入っている器を自分の近くにはしで引き寄せること
迷いばし…どの料理を食べようかと料理の上で迷うように、はしを動かすこと
涙ばし…はしでつまんだ食べ物から汁を垂らしながら運ぶこと

　正しいはしの使い方は、一緒に食べている人にも好感が持たれます。また、日本の食文化の1つでもあります。苦手な人は今から正しいはしの持ち方や使い方を覚えましょう。

Q. 刺し、探り、よせ、迷い、涙
これは、なんのことでしょう？

1. すし屋で使う言葉　2. すもうの技　③ マナー違反のはしの使い方

重 健 選 感 社 文

先生へ	昔から「しつけが行き届いた家庭かどうかは、はしの使い方を見ればわかる」といわれています。また、「はし先五分（1.5cm）、長くて一寸（3cm）」といわれています。はしの中ほどまで、汚さないように食べることが正しいマナーとされています。

09Sep.pptx：きらいばし

9月 Q.33 届くまで 卵編

Q. 集める→工場で洗う→サイズによってわける→詰める→出荷
これはなにが届くまでの工程でしょう？

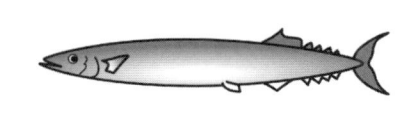

1. りんご　　2. さんま　　3. 卵

9月 Q.34 食材の切り方

みじん・いちょう・くし形・たんざく・輪・せん

Q. これらはなんのことでしょう？

1. 食品の切り方の種類
2. 葉っぱの種類
3. 七夕飾りの種類

9月 Q.33 届くまで 卵編

にわとりは養鶏場で育てられます。1羽ずつ仕切られた中にいる場合や放し飼いになっている場合など、さまざまな飼育方法があります。

にわとりはえさを食べて、卵を産みます。その卵を集めて、工場できれいに洗います。次に、サイズごとに大きいものはLLサイズ、中くらいのものはMサイズ、小さいものはSSサイズなど、細かく6段階にわけられたものがパック詰めにされます。その後、出荷され、わたしたちの手元に届きます。

卵は新鮮なものほど、卵黄も卵白も丸く盛り上がっています。古くなるほど、卵黄は平らになり、卵白も水のようにさらさらしてしまいます。

Q. 集める→工場で洗う→サイズによってわける→詰める→出荷
これはなにが届くまでの工程でしょう? 
1. りんご　2. さんま　③ 卵

| 重 | 健 | 選 | 感 | 社 | 文 |

先生へ：にわとりは、個体差はありますが、生後5か月程度で産卵を始め、年間でおよそ300個の卵を産みます。卵は値段が何十年間もかわらないため、「物価の優等生」といわれています。また、りんごは収穫後、洗わずに出荷されます。

教科連携：社会科

9月 Q.34 食材の切り方

おもに野菜を切る時、いろいろな形に切ります。なぜでしょう? それは、切り方によって、味やかんだ時の感じ方が違ってくるからです。

おもな切り方は次の通りです。

みじん・いちょう・くし形・たんざく・輪・せん

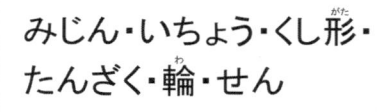

Q. これらはなんのことでしょう?
① 食品の切り方の種類
2. 葉っぱの種類
3. 七夕飾りの種類

| 重 | 健 | 選 | 感 | 社 | 文 |

みじん切り　いちょう切り　くし形切り
たんざく切り　輪切り　せん切り

先生へ：ほかにも薄切り、半月切り、さいの目切りなどがあります。このように食品の切り方に種類があるのは熱の通りをよくする、味をしみ込みやすくする、食べやすくする、繊維を生かすまたは断つなどの理由があります。実際の給食で使われている野菜について、どんな切り方か、問いかけてみてはいかがでしょう。

教科連携：家庭科　09Sep.pptx：食材の切り方

9月 Q.35 野菜の花 にんじん

Q. これはなんの花（はな）でしょう？

1. にら　　2. みつば　　3. にんじん

10月 Q.36 この食べ物はなに？ いも類

Q.「こんにゃく」、「さと」、「さつま」
共通（きょうつう）するものは、なんでしょう？

1. ゼリー　　2. 地域名（ちいきめい）　　3. いも

9月 Q.35 野菜の花 にんじん

にんじんは、とても小さな白い花が、たくさん集まって咲きます。にんじんは、おもに、太くなった根を食べる野菜です。さまざまな料理に使われていて、給食にもよく出るなじみの深い野菜です。花が咲くと、かたくて食べられなくなるので、花が咲く前に収穫します。

にんじんには、皮膚などを強くして免疫力を高め、かぜなどをひきにくい体をつくるのに役立つベータカロテンがたくさん入っています。

もともとはアフガニスタンが原産の野菜で、ヨーロッパに渡ってできた西洋種と中国に伝わるうちにできた東洋種があります。日本で多く見られるのは、オレンジ色の西洋種です

Q. これはなんの花でしょう？
1. にら　2. みつば　③ にんじん

重 健 選 感 社 文

| 先生へ | にんじんに含まれているベータカロテンは、油と一緒にとることで、吸収率が高まります。生で食べるよりも油を使ったドレッシングをかけたり、炒め物にしたりすると、にんじんの栄養をより効果的にとり入れることができます。 |

教科連携：理科

10月 Q.36 この食べ物はなに？ いも類

こんにゃくは、こんにゃくいもからつくられる加工食品です。こんにゃくいもは、十分な大きさまで育てるのに3年以上かかります。さといもは、里でとれるいもなので「里のいも」と呼ばれるようになりました。日本では縄文時代くらいから食べられています。さつまいもは昔、中国、琉球（今の沖縄県）を経て、薩摩（今の鹿児島県）から本州に伝わったので、さつまいもと呼ばれています。

さつまいもやじゃがいもは、米や麦などが育たないような養分の少ない土地でもつくることができます。エネルギーとなる炭水化物が豊富で、たくさん収穫できるため、昔は人々を飢えや飢きんから救う大切な食料でした。

Q.「こんにゃく」、「さと」、「さつま」
共通するものは、なんでしょう？
1. ゼリー　2. 地域名　③ いも

重 健 選 感 社 文

| 先生へ | いも類には、食物繊維が多く含まれているので、「腸の掃除屋さん」といわれています。特に、こんにゃくいもに含まれているグルコマンナンは、特定保健用食品などにも使われている成分で、排便を促すなどの効果があります。 |

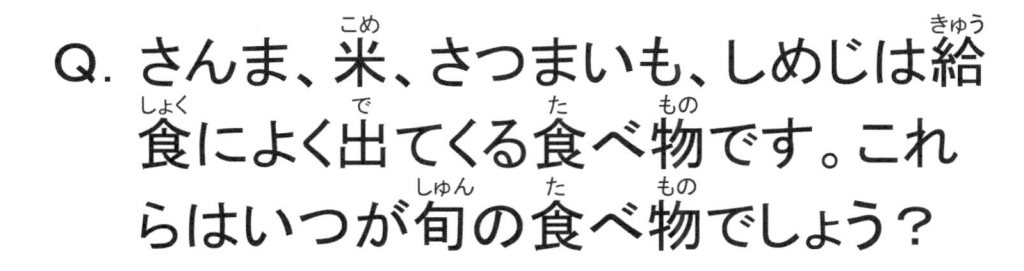

10月 Q.37 旬・秋食材

Q. さんま、米、さつまいも、しめじは給食によく出てくる食べ物です。これらはいつが旬の食べ物でしょう？

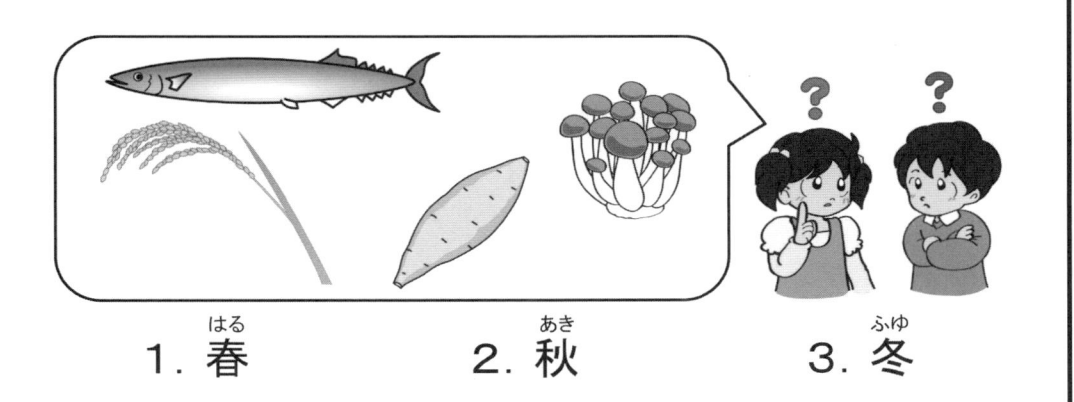

1. 春　　2. 秋　　3. 冬

10月 Q.38 魚の盛りつけ（向き）

Q. 切り身の魚の盛りつけ方です。正しいのはどれでしょう？

1.

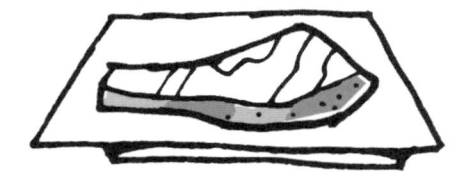

2.

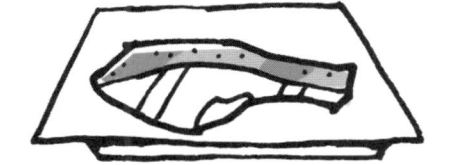

3.

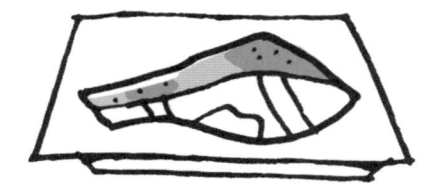

10月 Q.37 旬・秋食材

　たくさんとれて、おいしく、栄養たっぷりの時季の食べ物を「旬」といいます。
　さんまは「秋刀魚」と書きます。刀のように細長く光っていて、秋の代表的な魚です。米は日本の主食で、秋に収穫されます。とれた新米やいもを神社などにお供えして、自然の恵みに感謝する習慣があります。さつまいもは昔、中国から琉球（今の沖縄県）を経て、薩摩（今の鹿児島県）に伝わり、薩摩から日本全土に広まったことから、名づけられました。しめじは「香りまつたけ、味しめじ」という言葉があるほど、味のよいきのこです。
　秋は「実りの秋」というほどいろいろな食品が出回ります。秋が旬の食べ物を探してみましょう。

Q. さんま、米、さつまいも、しめじは給食によく出てくる食べ物です。これらはいつが旬の食べ物でしょう？
1. 春　②. 秋　3. 冬

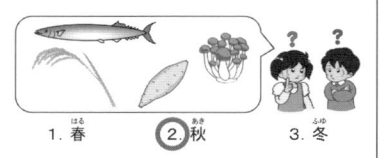

重 健 選 感 社 文

| 先生へ | 実が木になる果物などはわかりやすいのですが、意外と旬が知られていないのは、にんじんです。にんじんは、「給食で出ない日がない」といってもよいほどよく出てくる食材ですが、旬は秋です。土の中でできるので、なり方を見たことない子どももいるかもしれません。 |

10月 Q.38 魚の盛りつけ（向き）

　魚の盛りつけ方にもマナーがあります。問題のように切り身の場合は、皮が奥に、魚の背の部分は左に、腹の部分は右に置きます。どちらが背で、どちらが腹かわからない場合は、魚の構造を思い浮かべてみましょう。多くの魚は腹側には内臓があるので、その分、背よりも身が少なくなります。
　魚1尾丸ごと盛りつける場合は、頭が左になるように置きます。食べる時は、中骨より上側からほぐして食べます。
　魚の盛りつけ方は、身をほぐして食べやすいように置かれていますが、左利きの人用に反対にすることはありません。ごはんやおわんの置き方と同じことです。

Q. 切り身の魚の盛りつけ方です。正しいのはどれでしょう？
1.　②.　3.

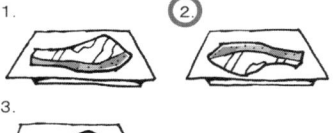

重 健 選 感 社 文

| 先生へ | 魚を丸ごと、骨を外しながら食べる機会が少なくなっているようです。1尾丸ごと食べることで骨の位置がわかったり、盛りつけ方が身についたりします。また、食事のマナーを覚えやすくなります。そういう機会を家庭でつくるように「たより」などで促してみましょう。 |

10月 Q.39 体に悪いSOS

Q. とりすぎると体に悪い「SOS」ってなに？

1. ステーキ、おでん、すきやき
2. 塩、油、砂糖
3. すいか、オレンジ、さくらんぼ

10月 Q.40 給食の食品構成

Q. 肉が大好きなマコトくんは、栄養士の先生に「給食でステーキが食べたい」といいました。もし、150gのステーキを給食で出すとしたら、小学校3年生の給食で使える何日分の肉に当たるでしょう？

1. 2日分
2. 5日分
3. 10日分

10月 Q.39 体に悪いSOS

　SOSとは、「助けて」という意味があります。とりすぎると体に悪いSOSとは、塩（ソルト）、油（オイル）、砂糖（シュガー）の頭文字のことです。体は、たくさんの塩・油・砂糖をとると「助けて」と悲鳴を上げます。

　塩・油・砂糖は人間に欠かせないものですが、とりすぎると生活習慣病などになりやすくなります。油や砂糖をとると人間の舌はおいしいと感じます。だからといって、たくさん食べると太りすぎたり、高血圧や糖尿病などになったりします。

　スナック菓子などには塩や油が、チョコレートなどには砂糖がたくさん使われていますので、食べる時間と量を決めて、食べることが大切です。

Q. とりすぎると体に悪い「SOS」ってなに？
1. ステーキ、おでん、すきやき
2. 塩、油、砂糖
3. すいか、オレンジ、さくらんぼ

重 健 選 感 社 文

先生へ	大袋のスナック菓子を食べる時、どのように食べるとよいかを問いかけてみましょう。「食べる量を考えて、その分をわけて食べる」と答えられるように促します。もし、まだ残っていることが気になり、全部食べたがるようなら、肥満や生活習慣病などにならないように数日間にわけて食べるように導きましょう。

教科連携：体育科

10月 Q.40 給食の食品構成

　給食では、肉類とハム・ソーセージなどを合わせた1回の平均が、小学校中学年の場合、1人15g前後になるように献立を立てています。同じように、魚や卵など、1つの食品に偏りすぎないように、気をつけて給食を出しています。

　家庭の食事では、肉類を使った主菜は、みなさんの好きな料理が多かったり、食べると元気になると思っている人が多かったりするため、食べすぎてしまうようです。主菜だけでなく、いも類、海藻、野菜などの食品を使った副菜もしっかり食べることが、健康でいられる秘けつです。

　栄養のバランスがよくなるように、いろいろな食品を食べましょう。

Q. 肉が大好きなマコトくんは、栄養士の先生に「給食でステーキが食べたい」といいました。もし、150gのステーキを給食で出すとしたら、小学校3年生の給食で使える何日分の肉に当たるでしょう？
1. 2日分
2. 5日分
3. 10日分

重 健 選 感 社 文

先生へ	栄養士は厳しい制限の中でも子どもたちに喜ばれる給食を提供できるように工夫して献立を立てています。例えば、ハンバーグに豆腐や大豆を細かくしたものを入れるなどがそうです。 給食では、健康や成長を考えて献立がつくられていることを伝えていきましょう。

10月 Q.41 目指せスポーツ選手

Q. 将来スポーツ選手になるために、食事で心がけたいことは、どれでしょう？
1. 筋肉をつけるために、2人分の肉を食べる
2. いろいろな食品をバランスよく食べる
3. 骨を強くするために、水のかわりに牛乳をたくさん飲む

10月 Q.42 魚漢字クイズ

鰯 鰆 鯖

Q. これは、給食によく出る魚の漢字です。どれが正しい読み方の組み合わせでしょう？

1. いわし、さわら、さば　2. まぐろ、きす、たい
3. かつお、たちうお、さけ

10月 Q.41 目指せスポーツ選手

　スポーツ選手の食事は、特別なものを食べているのではありません。栄養バランスがとれた食事を心がけ、主食や実だくさんの汁物、主菜、副菜と牛乳や果物まできちんと食べています。また、食事はぬかずに朝からしっかり食べ、昼食も午後の練習に備えてしっかり食べます。つまり、食事は残さずに食べましょうということです。夕食はその日の疲労や筋肉のダメージの回復を助けるたんぱく質やビタミン類を多めにとりましょう。

　成長期の今は、体をつくる大切な時期です。肉や牛乳もこの時期にとりたい食品ですが、とりすぎはよくありません。食事・運動・休息をバランスよくとることが何よりも重要です。

Q. 将来スポーツ選手になるために、食事で心がけたいことは、どれでしょう？
1. 筋肉をつけるために、2人分の肉を食べる
2. いろいろな食品をバランスよく食べる （○）
3. 骨を強くするために、水のかわりに牛乳をたくさん飲む

重 健 選 感 社 文

先生へ　体は、自分が食べたものや水でつくられています。丈夫な体をつくるには、運動するだけでなく、自分の体に必要な食べ物を食べることが大切です。そのことを理解させ、栄養のバランスを考えてつくっている給食を残さず食べるように促すことが大切です。

10月 Q.42 魚漢字クイズ

　いわしの身はとてもやわらかく、手で開けるほど弱いため、「魚」へんに「弱」いと書いて「鰯」となります。さわらが産卵のため沿岸にやってくるのは春です。そのため、「魚」へんに「春」と書いて「鰆」となります。さばは皮が青いので、「魚」へんに「青」と書いて「鯖」となりました。このように、漢字と魚を見ながら楽しく名前や漢字を覚えることができます。

　魚の油は血管をきれいにしたり、血液をさらさらにしたりするなど、体によい油がたくさん入っています。また、いわしの稚魚であるしらすなどの小魚は、頭から骨まで丸ごと食べられるので大切なカルシウムの補給源になります。

鰯鰆鯖
Q. これは、給食によく出る魚の漢字です。どれが正しい読み方の組み合わせでしょう？
1. いわし、さわら、さば （○）
2. まぐろ、きす、たい
3. かつお、たちうお、さけ

重 健 選 感 社 文

先生へ　「魚」へんに「有」と書いて「まぐろ」、「喜」と書いて「きす」、「周」と書いて「たい」、「堅」と書いて「かつお」、「圭」と書いて「さけ」、また、形が太刀に似ていることから「太刀魚」と書いて「たちうお」など、ほかの魚がどのような漢字か、調べてさせてみましょう。

※「魚」へんに「青」は俗字で、本来は「靑」を使った「鯖」が正しい字です。

11月 Q.43 日本型食生活 PFCバランス

Q. この3つのグラフはなんのことをあらわしているでしょう？

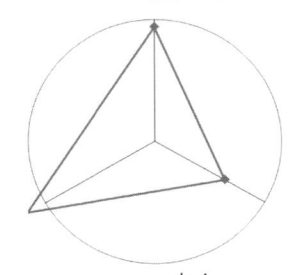

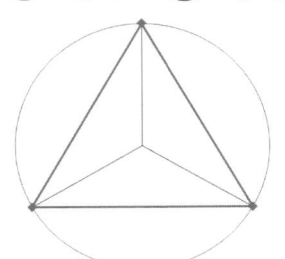

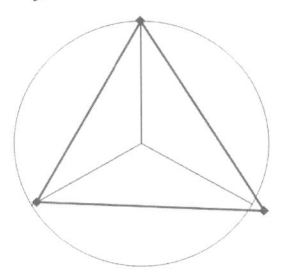

1. 1960年、1980年、2010年の栄養バランス
2. しょうゆ味、塩味、激辛の3種類の「から揚げ」の味の人気度
3. 朝食、昼食、夕食の家庭での平均栄養量

11月 Q.44 かみごたえのある食べ物

Q. これはなんの勝負でしょう？

食パン  3 ＜ 5 ごはん

バナナ  2 ＜ 4 りんご

トマト  2 ＜ 6 だいこん

1. かみごたえ度　2. 人気度　3. 給食に出る回数

11月 Q.43 日本型食生活 PFCバランス

　1960年（昭和35年）頃の食事は、主食のごはんとおかずは焼き魚、みそ汁、あえ物、漬物などでした。1980年（昭和55年）頃は、ごはんを中心に、魚や肉、野菜、海藻、豆類などのいろいろなおかずを組み合わせて食べていました。これを「日本型食生活」と呼び、理想の食事であるといわれます。現在の食事は、油を使った料理や肉などのおかずが多く、米を食べる量が少なくなっています。

　日本型食生活は、日本でつくられる、さまざまな農産物、畜産物、水産物などを使うことができ、また、栄養のバランスが、とてもよい特長があります。

Q. この3つのグラフはなんのことをあらわしているでしょう？
1. 1960年、1980年、2010年の栄養バランス
2. しょうゆ味、塩味、激辛の3種類の「から揚げ」の味の人気度
3. 朝食、昼食、夕食の家庭での平均栄養量
出典「食料需給表」（農林水産省）より

| 先生へ | 1980年頃の「日本型食生活」は、「健康によい」「長寿の秘けつ」として海外からの評判が高まっています。将来を健康にすごすために肉や油料理を控えめにして、ごはんをもう少し食べるように指導しましょう。 |

教科連携：家庭科・社会科

11月 Q.44 かみごたえのある食べ物

　かみごたえ度は、食品のかたさや繊維質の量などによって決まります。かたくて、繊維質が多く、よくかまないと食べられないものはかみごたえのある食品になります。

　弥生時代の食べ物は、かたくて、かみごたえのあるものばかりでした。現在はファストフードなど、加工度が高く、やわらかいものが好まれていて、あまりかみごたえのない食べ物が多くなっています。

　よくかむことはだ液を出して消化を助けたり、食べすぎを防いだり、脳の血の巡りをよくしたりするなどの働きがあります。３食や間食でかみごたえのあるものを食べ、かむ力を鍛えましょう。

Q. これはなんの勝負でしょう？
食パン 3 < 5 ごはん
バナナ 2 < 4 りんご
トマト 2 < 6 だいこん
1. かみごたえ度　2. 人気度　3. 給食に出る回数
出典「食物かみごたえ早見表」（風人社）より

| 先生へ | 弥生時代は魚、種実類や野菜などを蒸したり焼いたりして食べていて、1回の食事で4000回近くもかんでいましたが、現在は１／６程度になっているともいわれています。子どもたちによくかむことがなぜ大切なのかを伝え、しっかりかんで食べるように指導しましょう。 |

PDF：授業展開構想図　Word：指導案

11月 Q.45 茶わん

上は「へり」下は「糸底」

Q. これはなんでしょう？

1. ガラスのコップ
2. しゃもじ
3. 茶わん

11月 Q.46 茶わん一杯の米は何粒？

Q. 小学校3年生のサキちゃんがいつも食べているごはんは150gです。この茶わんには、何粒くらいの米が入っているでしょう？

1. 550粒くらい
2. 2000粒くらい
3. 3300粒くらい

11月 Q.45 茶わん

　茶わんのふちの部分を「へり」、底の部分を「糸底」といいます。糸底があることで熱いものが中に入っていてもそえた手が熱くなりません。器の形には意味があり、それぞれ工夫されています。
　茶わんの受け渡しにもマナーがあります。①食べる時は親指を茶わんのへりにかけて残りの指で糸底を支える。②茶わんを渡す時は片手で糸底を支え、反対の手を脇にそえて渡す。③受け取る時は両手で受け取り、一度食卓に置く。

Q. これはなんでしょう？ 
1. ガラスのコップ
2. しゃもじ
3. 茶わん

上は「へり」下は「糸底」

重 健 選 感 **社** 文

① へり／糸底　② 　③

| 先生へ | 毎日の給食で、食器の持ち方やマナーについても、子どもたちに指導していきましょう。また、茶わんの受け渡しなど、この一連の動作だけでもマナーを守って行うと美しく見え、安全に受け渡すことができます。みんなが気持ちよく食事をすることにもつながります。 |

11Nov.pptx：正しい茶わんの持ち方、受け渡し方

11月 Q.46 茶わん一杯の米は何粒？

　学年によって差があります。小学校の低学年で3000粒、中学年で3300粒、高学年で4000粒くらいといわれています。
　米は日本人の主食で、3色食品群では黄色の仲間です。米には食物繊維がたくさん入っています。ただひとつ残念なことはビタミンB群が少ないことです。日本でよく食べられてきたごはんとみそ汁の組み合わせは、米に足りないビタミンB_1をみそ汁が補ってくれるよい組み合わせです。長い間、このように食べ継がれてきました。
　また、米は粒なので、小麦粉などの「粉の状態のもの」より消化に時間がかかるため、腹持ちがいいといわれています。

Q. 小学校3年生のサキちゃんがいつも食べているごはんは150gです。この茶わんには、何粒くらいの米が入っているでしょう？
1. 550粒くらい
2. 2000粒くらい
3. 3300粒くらい

重 健 選 感 社 文

| 先生へ | 米という漢字を分解すると八十八になります。米は、苗床づくり、苗植え、雑草取りなど、収穫されるまでには、俗に八十八回、といわれるほど多くの手間がかかっています。昔から、「一粒の米も無駄にしてはいけない」といわれています。茶わんの中の最後の一粒まで食べるように指導しましょう。 |

教科連携：社会科

11月 Q.47 地域の人に感謝を伝える方法

Q.「今日の給食は、伊藤さんの畑でとれたほうれんそうを使ってつくりました」というお昼の放送がありました。下校途中で、ススムくんは伊藤さんに会いました。その後、伊藤さんはにこにこしていました。

さて、ススムくんはなんといったのでしょう？

1.「おいしかったです。ごちそうさまでした」といった
2.「また食べたいです」といった
3.「おじさん、ありがとう！」といった

11月 Q.48 果物の購入量

Q. 各家庭が1年間で、一番量を多く買う果物は、なんでしょう？

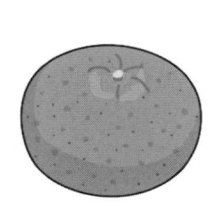

1. みかん 　　2. メロン 　　3. バナナ

出典：「家計調査 1世帯当たり年間の支出金額, 購入数量及び平均価格（2020年 購入数量）」（総務省）より

11月 Q.47 地域の人に感謝を伝える方法

給食のために食品を届けてくれた人は、「おいしかったかな」「残さずに食べてくれたかな」「喜んでくれたかな」と気になっていると思います。生産者の方に会った時は、「おいしかったです。ごちそうさまでした」などの感謝の気持ちを伝えましょう。

食べ物をつくるには大変な苦労と時間がかかります。それでもわたしたちがおいしい給食を食べられるように生産者の人たちはがんばっています。みんなで楽しく食べることができたことを伝えることも感謝の気持ちを伝えることにつながります。

みなさんは感謝の気持ちを伝える時に、どのようにすればよいと思いますか？ みんなで考えてみましょう。

Q.「今日の給食は、伊藤さんの畑でとれたほうれんそうを使ってつくりました」というお昼の放送がありました。下校途中で、ススムくんは伊藤さんに会いました。その後、伊藤さんはにこにこしていました。
さて、ススムくんはなんといったのでしょう？
1.「おいしかったです。ごちそうさまでした」といった
2.「また食べたいです」といった
③「おじさん、ありがとう！」といった

重 健 選 **感** 社 文

先生へ 地域の方々を教室に招いて、工夫点や苦労話をじかに聞くことで、子どもたちに、自然の恩恵やつくってくれる人への感謝の気持ちが芽生えます。これらの取り組みは、地域のよさを感じるよいきっかけになると共に地域との連携が深まります。

11月 Q.48 果物の購入量

バナナは平成16年からみかんをぬいて果物の中で購入量（重量）1位になっています。値段が安いことに加え、皮が簡単に手でむけて、すぐに食べることができ、甘くておいしいのでバナナが好きという人も多いのではないでしょうか？

バナナは、果物の中ではカリウムが多い食品です。カリウムはとりすぎた塩分を体の外に出してくれるので、高血圧の予防によいとされています。また、エネルギーになる炭水化物がたくさん入っていて、消化吸収もよいので、手軽にエネルギー補給ができます。

バナナは、低い温度で保存すると、皮が黒くなりやすいので、常温で保存するようにしましょう。

Q. 各家庭が1年間で、一番量を多く買う果物は、なんでしょう？
1. みかん　2. メロン　③ バナナ
出典:「家計調査 1世帯当たり年間の支出金額、購入数量及び平均価格（2020年 購入数量）」（総務省）より

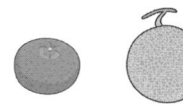

重 **健** 選 感 社 文

先生へ マラソン大会などのコースの途中に「給食所」をつくって、ランナーにバナナを提供するところもあります。バナナは糖質が多いため、運動することで消費するエネルギーを補ってくれます。スポーツをする子どもの間食などにすすめてみてはいかがでしょうか。

11月 Q.49 ノロウイルス

Q. このグラフは、なにをあらわしているでしょう？

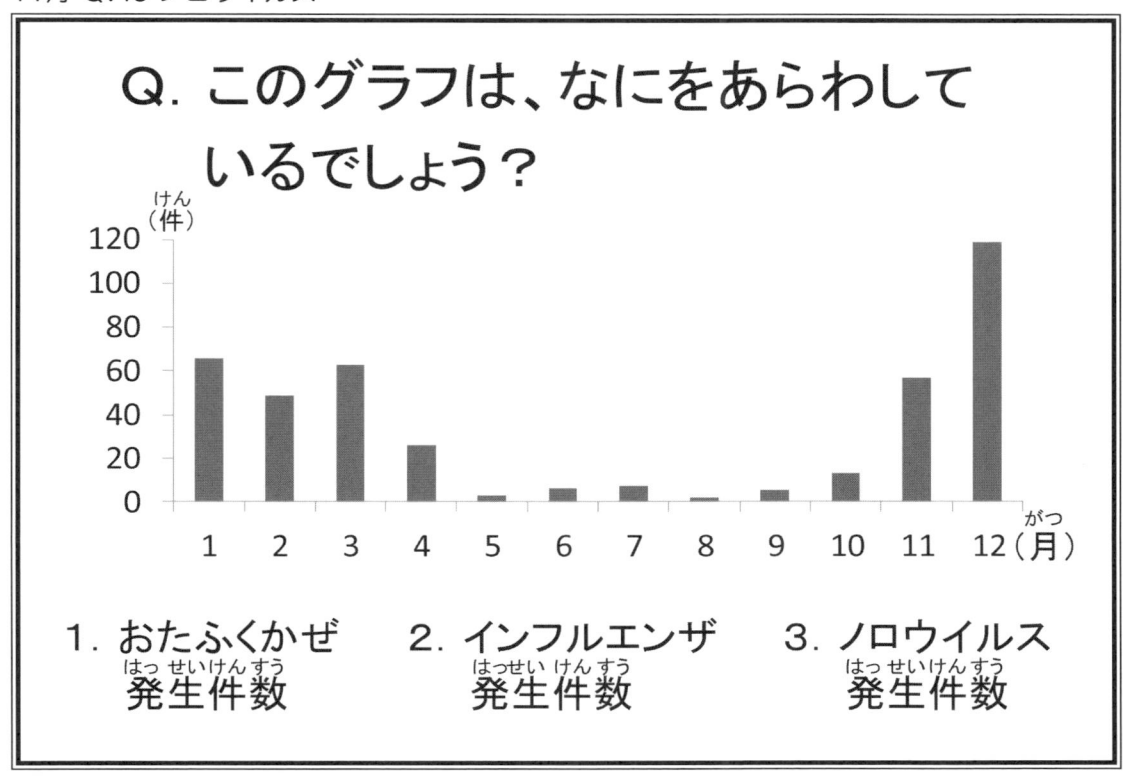

120 (件)
100
80
60
40
20
0
1 2 3 4 5 6 7 8 9 10 11 12 (月)

1. おたふくかぜ発生件数
2. インフルエンザ発生件数
3. ノロウイルス発生件数

12月 Q.50 かぜの時の食事

Q. かぜをひいた時によい食べ物は、なんでしょう？

1. なべ物、茶わん蒸し
2. チョコレート、スナック菓子
3. とんかつ、天ぷら

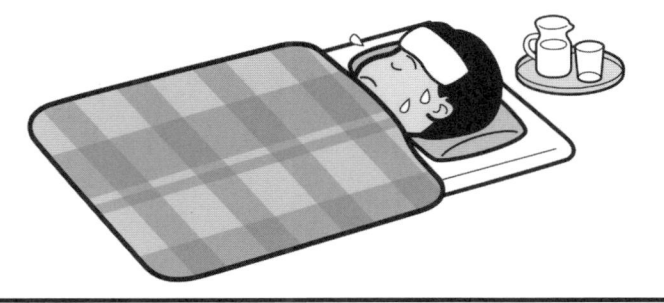

11月 Q.49 ノロウイルス

　多くの食中毒は気温が上がり、じめじめし始める6月から9月くらいまでに発生します。しかし、ノロウイルスによる食中毒はインフルエンザと同じく、寒い冬に多く起きます。
　ノロウイルスによる食中毒は、ノロウイルスが手や指から食べ物について、人の体内に入ることで起こります。少ない量でも激しい下痢や吐き気を引き起こします。また、感染する力がとても強いのが特徴です。
　ノロウイルスによる食中毒を予防するには、石けんを使って手洗いを十分にすることや食べ物によく火を通すことが大切です。みなさんは石けんを使って手をきちんと洗うことから始めましょう。

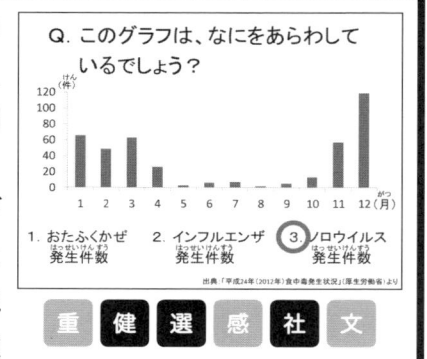

Q. このグラフは、なにをあらわしているでしょう？
1. おたふくかぜ発生件数
2. インフルエンザ発生件数
3. ノロウイルス発生件数
出典「平成24年(2012年)食中毒発生状況」厚生労働省より

重 健 選 感 社 文

先生へ　給食の調理ではノロウイルスに汚染されないように手洗いをし、マスクをつけ、料理は十分に加熱したものを提供していることを伝えましょう。また、給食当番になった子どもには、特に配ぜん前の手洗いをしっかり行い、果物やパンなどは素手で触らず、配ぜん用手袋やトング類を使うように指導しましょう。

教科連携：体育科

12月 Q.50 かぜの時の食事

　なべ物は、かぜのひき始めによい食べ物です。ひとつのなべに魚や肉、野菜など、多くの食品を入れることができて、いろいろな栄養素をとることができます。また、煮ることで野菜のかさが減って、生のまま食べるより、たくさん食べることができます。さらに温かいものを食べることで、体の中から温まります。
　茶わん蒸しはのどごしがよいので、せきが出る時やのどが痛い時によい食べ物です。ゼリーなども、のどごしがよく、のどがはれてしまって痛くても食べることができます。また、熱がある時は、アイスクリームなどの体を冷やしてくれる食べ物もよいでしょう。

Q. かぜをひいた時によい食べ物は、なんでしょう？
1. なべ物、茶わん蒸し
2. チョコレート、スナック菓子
3. とんかつ、天ぷら

重 健 選 感 社 文

先生へ　日頃から、野菜をはじめ、バランスよく食べることがかぜに負けない体をつくります。ビタミンの多い果物などを上手に食べることもかぜ予防の秘けつです。かぜをひいてしまったら、症状に合わせて食べるように伝えましょう。

12月 Q.51 旬・冬食材

Q. はくさい、だいこん、こまつなはよく給食に出る食べ物です。いつが旬の食べ物でしょう？

1. 春　　2. 秋　　3. 冬

12月 Q.52 かぶの種類

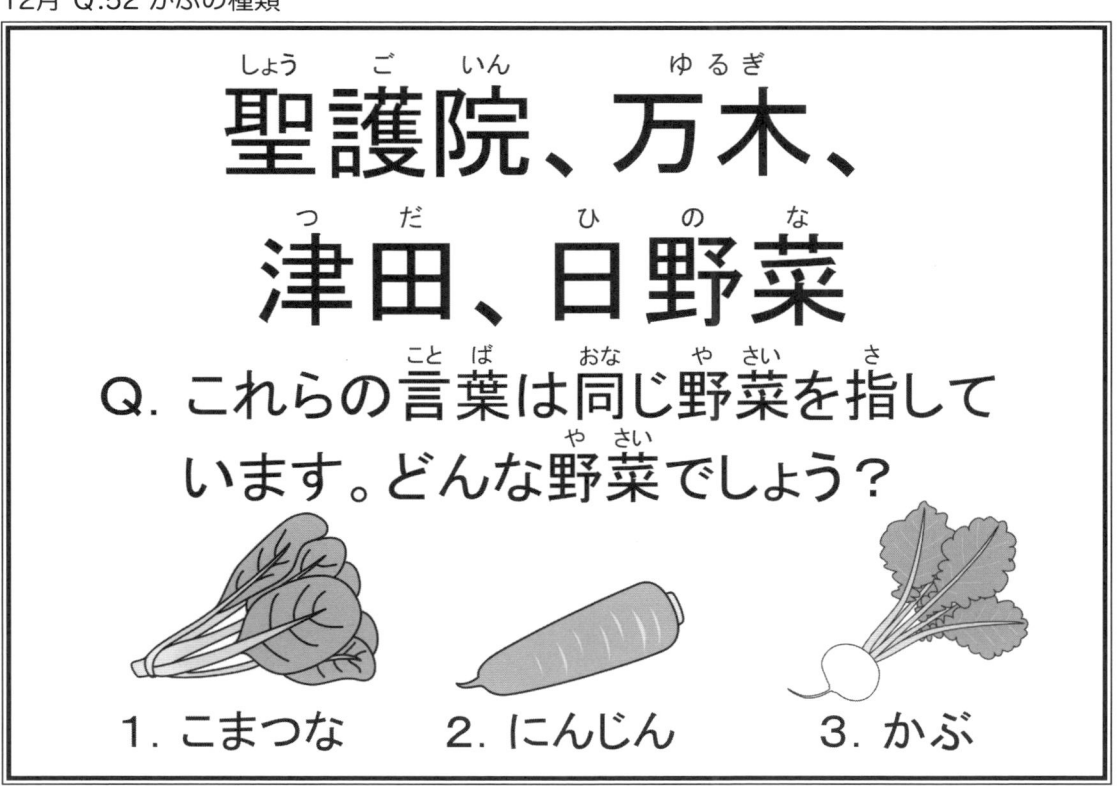

聖護院、万木、津田、日野菜

Q. これらの言葉は同じ野菜を指しています。どんな野菜でしょう？

1. こまつな　　2. にんじん　　3. かぶ

12月 Q.51 旬・冬食材

たくさんとれておいしく、栄養たっぷりの時季の食べ物を「旬」といいます。

はくさいは漬物やなべ物によく使われています。塩分を体の外に出してくれるカリウムなどが多い食品です。だいこんは年中出ていますが、甘みがあるのは旬の冬です。白い根の部分は淡色野菜ですが、葉は緑黄色野菜です。葉も残さず食べましょう。こまつなは、東京の小松川でつくられていた野菜なので、「こまつな」と名前がついたといわれています。こまつなは、成長期にとりたい鉄やカルシウムが多く入っています。加熱するとかさが減って、たくさん食べられます。これらはすべて冬が旬の野菜です。

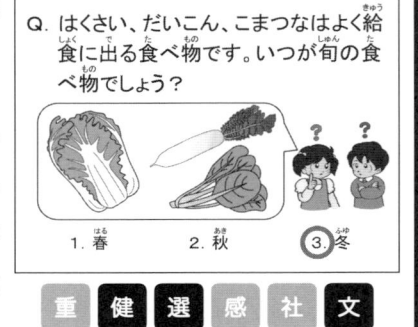

Q. はくさい、だいこん、こまつなはよく給食に出る食べ物です。いつが旬の食べ物でしょう？
1. 春　2. 秋　③ 冬

重 健 選 感 社 文

先生へ　給食では、さまざまな冬の野菜を使っています。また、冬の果物のみかんはビタミンCが豊富に含まれています。みかんは食べるだけではなく、干した皮をお風呂に入れると体が温まるそうです。冬が旬の野菜や果物を上手にとり入れて、かぜに負けない体づくりを子どもたちに伝えていきましょう。

12月 Q.52 かぶの種類

かぶは、春の七草の1つとして、七草がゆにして食べられてきました。国内には、たくさんの品種があり、大きいものや小さいもの、赤色のものや赤紫色のものなど、さまざまな種類があります。聖護院かぶは京都府、万木かぶと日野菜かぶは滋賀県、津田かぶは島根県で栽培されてきた品種です。

かぶには、血をつくるのに必要な葉酸や血圧を下げるカリウムがたくさん入っています。かぶは、秋の終わり頃から冬が旬の野菜で、寒くなると甘みが増して、おいしさもアップします。

漬物や煮物など、さまざまな料理に使われていて、ごはんに合う野菜です。

聖護院、万木、津田、日野菜
Q. これらの言葉は同じ野菜を指しています。どんな野菜でしょう？
1. こまつな　2. にんじん　③ かぶ

重 健 選 感 社 文

先生へ　かぶは、「かぶら」「かぶな」などのほか、古名では、「すずな」「あおな」などとも呼ばれ、語源もさまざまです。またの名を「諸葛菜」といいます。これは「三国志」に登場する「諸葛亮」が、出陣の際にかぶの種を携え、兵士に種をまくように指示し、戦が長引くと食料にしたためといわれています。

12月 Q.53 朝ごはんは脳に必要

Q. 人の体には、肝臓、腎臓、腸などたくさんの臓器があります。この中で、重さは1kgくらいしかなく、おもにブドウ糖をエネルギーにする臓器はどれでしょう？

1. 小腸　　2. 心臓　　3. 脳

12月 Q.54 食べ物の消化時間

Q. 次の3つの中で、一番早く胃の中で消化される食べ物はどれでしょう？

1. ごはんなどの炭水化物が多い食べ物
2. 肉などのたんぱく質が多い食べ物
3. 油などの脂肪が多い食べ物

12月 Q.53 朝ごはんは脳に必要　　　　関連ページ：P.89・P.90・P.91

脳は体重の２％くらいしかありませんが、体全体で使うエネルギーのうちのだいたい20％を使っています。

脳のエネルギー源は、おもにブドウ糖です。しかしブドウ糖は、脳にほとんど蓄えることができません。そこで３食をきちんととってブドウ糖を補うことが必要になります。ブドウ糖はごはんやパンなどにたくさん入っている炭水化物が体の中で代謝されたものです。

朝は特に、前の日の夕ごはんでとったブドウ糖がほとんどなくなってしまっているので、朝ごはんで炭水化物がたくさん入っている食品を食べて、脳に補うことが重要です。

Q. 人の体には、肝臓、腎臓、腸などたくさんの臓器があります。この中で、重さは1kgくらいしかなく、おもにブドウ糖をエネルギーにする臓器はどれでしょう？
1. 小腸　2. 心臓　③ 脳

重 健 選 感 社 文

| 先生へ | 朝食をとる児童・生徒と、とらない児童・生徒の学力との相関関係を調べた結果、朝食をとる児童・生徒の方が、平均正答率が高いという結果が出ています。朝から学習意欲や運動能力を高めるためにも、朝食の重要性を子どもたちや保護者に伝えていきましょう。 |

PDF：授業展開構想図　Word：指導案・がんばりカード

12月 Q.54 食べ物の消化時間

３つの栄養素の中では、炭水化物が一番早く、消化されます。その次がたんぱく質で、脂肪は消化に一番時間がかかります。１回の食事が胃を通りすぎるのに、４時間くらいかかります。脂肪の多い食事をとると、それ以上の時間がかかります。

口に入った食べ物は、かむことによって、砕かれて、だ液と混ざり合います。よく混ざり合ったものが、食道を通って、胃に送られて、消化されます。消化されたものは、腸へ行き、体の中に吸収されます。消化されなかった残りかすが体の外に出されます。

このように、わたしたちは食べ物を消化・吸収することで、栄養をとっています。

Q. 次の３つの中で、一番早く胃の中で消化される食べ物はどれでしょう？
① ごはんなどの炭水化物が多い食べ物
2. 肉などのたんぱく質が多い食べ物
3. 油などの脂肪が多い食べ物

重 健 選 感 社 文

| 先生へ | スポーツ選手は試合などの時間に合わせて、試合前は消化に時間のかかる脂質を控え、炭水化物の多いものを食べています。試合後はたんぱく質を多めにとるなど、食べ物にも気を配って調整していることなどを伝えましょう。そうすることで、子どもも食事に気を配るようになることでしょう。 |

教科連携：理科・体育科

12月 Q.55 みかんの食べ方

Q. みかんの栄養をとるのに、皮をむいた後、どんな食べ方をするのが、一番よいのでしょう？

1. 1粒ずつ、薄皮（袋）をはがして食べる
2. すじを取って、食べる
3. 皮をむいたら、そのまま食べる

1月 Q.56 春の七草 七草がゆ

Q. 1月7日に「春の七草」を入れて炊いたおかゆを食べる食習慣があります。その理由は？

1. 無病息災を願うため
2. ごちそうを食べ続けた胃をいたわるため
3. 昔からの習慣だから

12月 Q.55 みかんの食べ方

みかんにはビタミンCやクエン酸が入っていて、かぜの予防や肌あれを防ぐ、体の疲れをとるなどの効果があります。また、みかんの薄皮（袋）には食物繊維などが、白いすじにはビタミン類や抗酸化作用のあるフラボノイドなどがたくさん入っているので、便秘の予防などにも効果があるといわれています。

みかんは皮がやわらかく簡単にむけます。また、種がほとんどなく、薄皮や白いすじもそのまま食べることができます。

ビタミンCや食物繊維を無駄なく手軽にとるには、薄皮をむいて果肉だけを食べるより、そのまま食べた方が、よりたくさんとることができます。

Q. みかんの栄養をとるのに、皮をむいた後、どんな食べ方をするのが、一番よいのでしょう？
1. 1粒ずつ、薄皮（袋）をはがして食べる
2. すじを取って、食べる
③ 皮をむいたら、そのまま食べる

重 健 選 感 社 文

| 先生へ | 旬の時季にみかんを週に4〜6回以上とると、脳卒中のリスクを減少することに効果があることがわかっています。
子どもたちには、おやつの時や食後などに、食べるようにすすめてみましょう。 |

1月 Q.56 春の七草 七草がゆ

春の七草を入れて炊いたおかゆを一般に「七草がゆ」といいます。春の初めにはえる若菜を食べることで1年の邪気をはらったり、無病息災（病気をせず、元気であること）を願ったりしました。

春の七草とは「せり、なずな、ごぎょう、はこべら、ほとけのざ、すずな、すずしろ」をいいます。すずなは、かぶ、すずしろは、だいこんです。だいこんやかぶには消化を高める働きがあり、正月料理をたくさん食べた胃をいたわります。また、ビタミンや食物繊維も多いので、肌のつやをよくし、かぜ予防や便秘予防にも効果があります。

七草がゆの風習は、平安時代に中国から伝わったとされています。

Q. 1月7日に「春の七草」を入れて炊いたおかゆを食べる食習慣があります。その理由は？
① 無病息災を願うため
② ごちそうを食べ続けた胃をいたわるため
③ 昔からの習慣だから

重 健 選 感 社 文

春の七草名→現在の種名（原名）
せり　　　→せり
なずな　　→なずな（ぺんぺん草）
ごぎょう　→ははこぐさ
はこべら　→はこべ
ほとけのざ→こおにたびらこ
すずな　　→かぶ
すずしろ　→だいこん

| 先生へ | 近年では正月におせち料理やおもちなどのごちそうをたくさん食べたり、不規則な食事をしたりして、疲れてしまった胃や腸を休ませるために食べられているともいわれています。七草がゆの風習は家族の健康を願うために始まり、現在でも受け継がれています。 |

1月 Q.57 学校給食の歴史

Q. 次の給食の献立と年代の組み合わせで正しいのはどれでしょう？

あ　　い　　う

1. あ、明治22年頃　い、現在　　　う、昭和40年頃
2. あ、昭和40年頃　い、明治22年頃　う、現在
3. あ、現在　　　　い、昭和40年頃　う、明治22年頃

出典：あ、い『平成17年版 学校給食要覧』(独立行政法人日本スポーツ振興センター)よりイラスト制作：少年写真新聞社

1月 Q.58 学校給食の献立

Q. 昭和25年(1950年)頃、学校給食の主食は、おもになにを食べていたでしょう？

1. ごはん　　2. パン　　3. めん類

1月 Q.57 学校給食の歴史

　日本の学校給食は明治22年（1889年）、山形県のあるお寺で家庭が貧しくて食べられない子どもたちに昼食を提供したのが始まりです。

　戦後の昭和21年（1946年）12月24日にアメリカの民間団体が送ってくれたもの（ララ物資）によって給食が再開されます。昭和40年（1965年）頃になると、ソフトめんが出るようになりました。

　現在では、行事食や世界の料理などを味わうことができます。また、主食は、ごはん、パン、めん類など変化に富んだ給食が提供されています。

　学校給食の歴史を調べてみると、その時代の流れを感じることができます。

Q. 次の給食の献立と年代の組み合わせで正しいのはどれでしょう？
1. あ、明治22年頃　い、現在　う、昭和40年頃
②. あ、昭和40年頃　い、明治22年頃　う、現在
3. あ、現在　い、昭和40年頃　う、明治22年頃

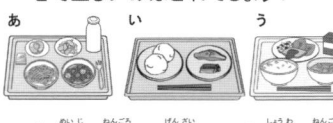

重 健 選 感 社 文

先生へ　昭和20年（1945年）に終戦した後も食料不足は続き、日本の国全体で食べるものがありませんでした。現在は、週3回くらいが米飯献立で、おかずもさまざまな種類の料理が出されます。いろいろな献立を味わうことができるのは幸せであることを伝えましょう。

PDF：単元展開構想図　Word：指導案　01Jan.pptx：学校給食の歴史

1月 Q.58 学校給食の献立

　終戦後の日本は、食料が不足し、栄養失調の子どもがたくさんいました。そんな子どもたちを思い、アメリカの民間団体が送ってくれたもの（ララ物資）によって、昭和21年（1946年）12月24日に学校給食が再開されました。

　その後、ユニセフ（国際連合児童基金）やアメリカからミルクや小麦粉が送られ、昭和25年（1950年）にはパン、脱脂粉乳、おかずによる完全給食が行われるようになりました。米飯給食は、昭和51年（1976年）に始まり、現在では週3回くらい行われています。また、戦後の給食再開を記念して、1月24日から1週間を、給食の役割や意義を考える「全国学校給食週間」としています。

Q. 昭和25年（1950年）頃、学校給食の主食は、おもになにを食べていたでしょう？
1. ごはん　②. パン　3. めん類

重 健 選 感 社 文

先生へ　現在の日本は食べたい時に食べたいものがすぐ手に入る時代です。しかし、地球上には食べるものが十分にない国がまだまだたくさんあります。食べられることに感謝の気持ちをあらわせるように導きましょう。

1月 Q.59 食べる順序

Q. 給食を食べる順番は、どれがもっともよいでしょう？

1. 主食を全部食べてから おかずを食べる
2. 主食とおかずを交互に 食べる
3. おかずを全部食べてから 主食を食べる

1月 Q.60 食事のマナー

Q. 次のうち、マナーを守って食べているのはどれでしょう？

1.　　　2. 　　　3.

1月 Q.59 食べる順序

食事は主食とおかずを交互に食べることによって、ごはんとおかずのどちらもよりおいしく味わうことができます。白いごはんは味が淡泊なので、味のついたおかずと一緒に味わうことで、味覚を鍛えることができます。また、交互に食べることで、主食とおかずを同時に食べ終わることができます。

さらに、おいしく食べるもう1つのこつは、よくかんで食べることです。食べ物をよくかむことで、料理の味をしっかり味わうことができます。

最後まで、よりおいしく味わうために、主食とおかずを交互に、また、よくかんで食べるようにしましょう。

Q. 給食を食べる順番は、どれがもっともよいでしょう？
1. 主食を全部食べてからおかずを食べる
2. 主食とおかずを交互に食べる
3. おかずを全部食べてから主食を食べる

| 先生へ | 給食時間の指導には、姿勢やはしづかいなど、話題にすべき内容はたくさんあります。「よい姿勢で食べる」、「主食とおかずは交互に食べる」、「よくかんで食べる」の3つは基本として、家庭と学校で、共通した指導をしていくことが大切です。 |

1月 Q.60 食事のマナー

1は、ひじをついて食べています。2は、茶わんを持たずに食べています。これでは姿勢が悪くなったり、うまくごはんが食べられず、こぼしてしまったりします。背中が丸まっていると消化によくありませんし、見た目にも美しくありません。

食事をする時は背筋を伸ばして、いすに深く腰かけ、背もたれにもたれないようにします。机に対してまっすぐ座り、机との間にこぶし2つ分くらいのすき間を空け、足の裏を床につけましょう。

姿勢をよくして、茶わんを正しく持って食べると、見た目にも美しくなります。みんなで気持ちよく食べるためにも、よい食事マナーを身につけましょう。

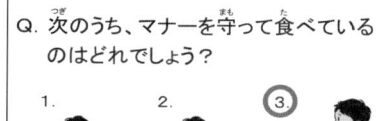

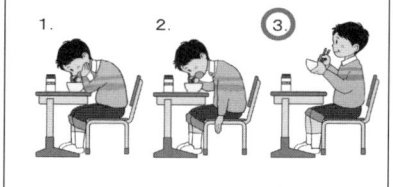

Q. 次のうち、マナーを守って食べているのはどれでしょう？

| 先生へ | ひじをつかない、茶わんを持つ、食事のあいさつをすることなどは、一般的にいわれている食事のマナーです。食事マナーが大切な理由を子どもたちに伝え、毎日の給食時間だけでなく、家庭でも実践できるように導きましょう。 |

1月 Q.61 食事のあいさつ

Q. 食事のあいさつに「ごちそうさまでした」という言葉があります。この「ちそう」には、どんな意味があるでしょう?

1. 栄養が積み重なっていくこと
2. 客をもてなすための料理
3. あちこちかけ回って、食事の用意をすること

1月 Q.62 ほうれんそう

Q. 夏と冬でビタミンCの量が3倍も違う野菜はなんでしょう?

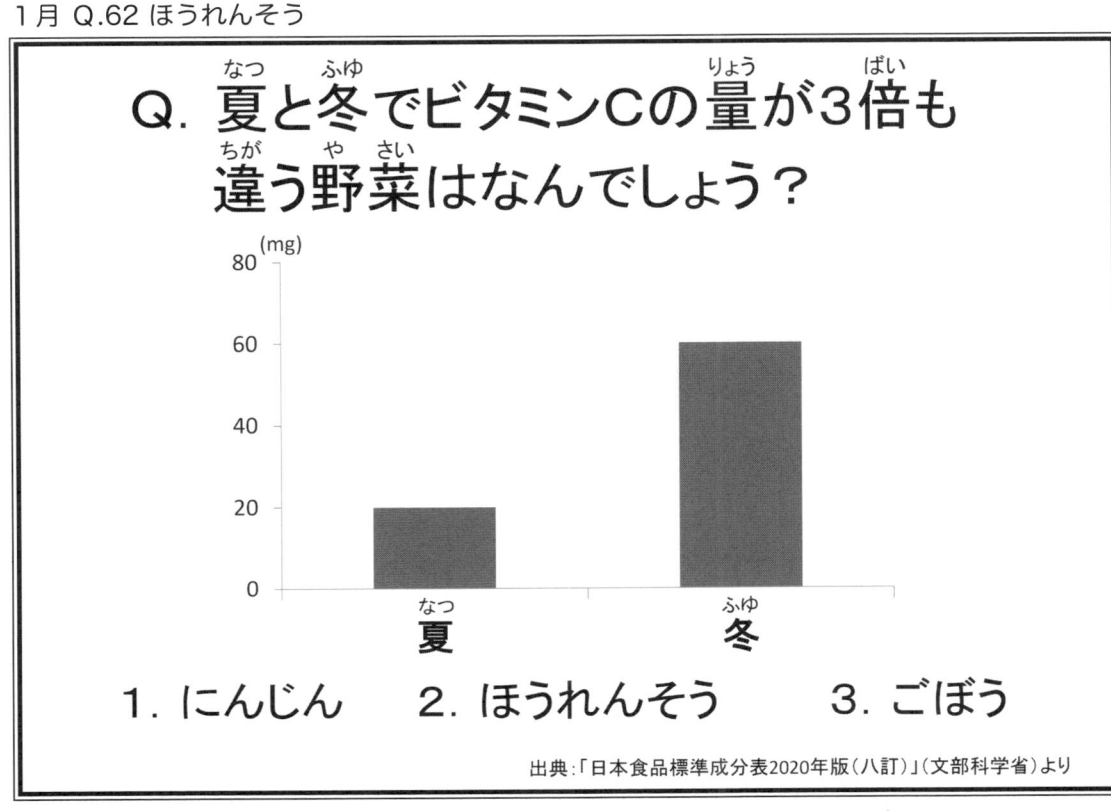

1. にんじん　2. ほうれんそう　3. ごぼう

出典:「日本食品標準成分表2020年版(八訂)」(文部科学省)より

1月 Q.61 食事のあいさつ

　食べ終わった時にいう「ごちそうさまでした」という言葉があります。この「ちそう」は漢字で「馳走」と書きます。馳走は、もとは「準備のために走り回る」という意味です。それが転じて、「走り回って、食事の用意をすること」または「りっぱな料理」となり、食事を準備した人やつくってくれた人への感謝の気持ちを込めて、「ご馳走さまでした」というようになったといわれています。

　食事の時にいうあいさつに「いただきます」という言葉もあります。「頂きます」の「頂く」は「頭の上に載せて大切に扱う」という意味があります。

　食事ができることに感謝の気持ちを込めて、きちんとあいさつをしましょう。

Q. 食事のあいさつに「ごちそうさまでした」という言葉があります。この「ちそう」には、どんな意味があるでしょう？
1. 栄養が積み重なっていくこと
2. 客をもてなすための料理
3. あちこちかけ回って、食事の用意をすること

重 健 選 **感** 社 文

先生へ　子どもたちに「いただきます」「ごちそうさまでした」の意味を理解させましょう。食品の命をいただいて自分の命が生き延びるということ、生産者や運送業者、販売業者、栄養士、調理員、家庭では保護者がいて食べることができるということを理解させ、感謝の気持ちが芽生え、お礼がいえるように導きましょう。

1月 Q.62 ほうれんそう

　「温室栽培」と「露地栽培」という言葉を聞いたことはありますか？　温室栽培とは、ビニールハウスなど、内部を温めて作物を育てる方法です。露地栽培とは、畑で育てる方法です。

　冬に露地栽培でつくられたほうれんそうは、太陽の光をたくさん浴びて栄養を蓄えた、一番おいしい時季（旬）の食べ物です。

　ところが、いつでも食べたいという消費者の希望で温室栽培を行い、1年を通して販売しています。しかし温室栽培は温室を温めるためにお金やエネルギーが余分にかかり、ビタミンなどの栄養が旬の時季よりも少なくなってしまいます。そのため、できるだけ旬のものを食べましょう。

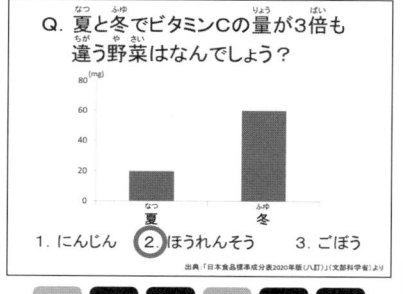

Q. 夏と冬でビタミンCの量が3倍も違う野菜はなんでしょう？
1. にんじん　2. ほうれんそう　3. ごぼう
出典「日本食品標準成分表2020年版（八訂）」（文部科学省）より

重 健 選 感 社 文

先生へ　旬の食品は、安くて栄養価が高いことを知らせ、できるだけ季節の食材を食べるように促しましょう。また、ほうれんそうには、成長期に欠かせない鉄やビタミンなどが多く含まれています。貧血予防や肌あれ対策にもよい食品です。

教科連携：社会科

2月 Q.63 節分

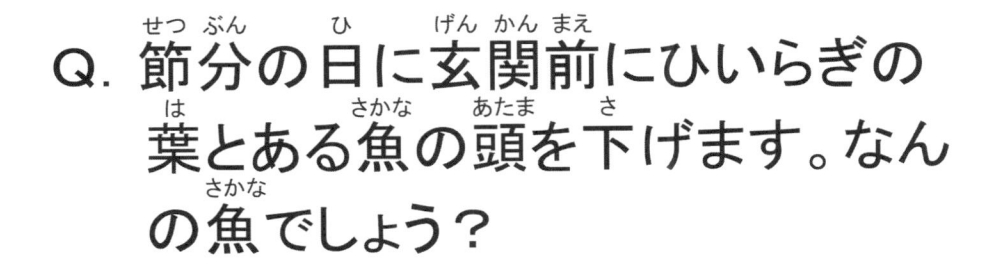

Q. 節分の日に玄関前にひいらぎの葉とある魚の頭を下げます。なんの魚でしょう？

1. いわし　　2. さけ　　3. たい

2月 Q.64 豆の種類

Q. とら、うずら、ひよこ、レンズがつくものといえば、なんでしょう？

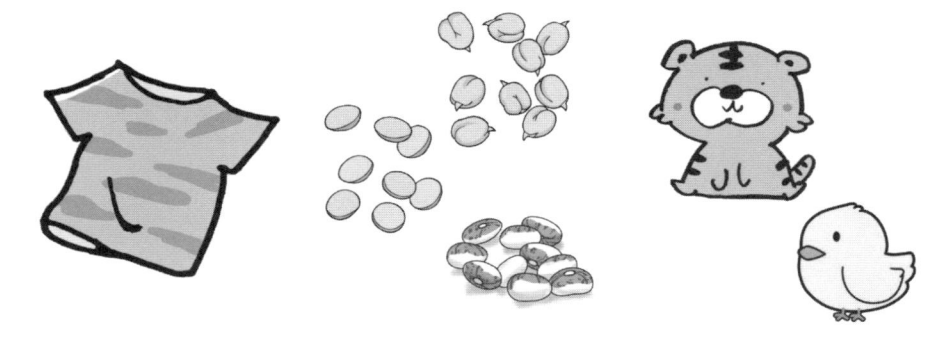

1. 洋服の黄色の模様　　2. 豆　　3. 動物の赤ちゃん

2月 Q.63 節分

節分の日には、ひいらぎの葉と一緒にいわしの頭を玄関前に下げて、魔よけにする習慣の地域があります。これはとげがあるひいらぎの葉と、魚臭いいわしのにおいを鬼がきらって家に入ってこないためといわれています。

ほかにも節分では豆まきをします。病気や災いを鬼に見立て、豆をまいて追い払うという意味があります。炒った大豆を「福豆」といい、年の数（またはプラス1個）を食べると、その年は病気にならないともいわれています。

いわしは丸ごと食べられてカルシウムをとりやすい魚です。小骨に気をつけながら、よくかんで食べましょう。

Q. 節分の日に玄関前にひいらぎの葉とある魚の頭を下げます。なんの魚でしょう？
1. いわし　2. さけ　3. たい

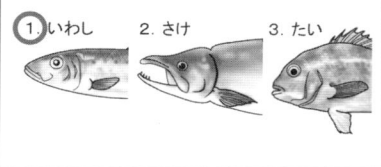

重 健 選 感 社 文

先生へ　いわしは日々の食事でもたくさん食べられています。小さいものは、しらす、ちりめんじゃこといわれ、成長期に食べさせたい小魚です。また、大豆は「畑の肉」といわれるほど、良質のたんぱく質が豊富に含まれています。給食では小魚や豆類をとるように献立を立てています。

2月 Q.64 豆の種類

給食ではいろいろな豆料理を出していますが、どんな種類の豆が使われているかわかりますか？

豆には、よく知られている大豆やあずきのほかに、彩りにもなるいんげんまめや、えんどうまめなどがあります。あずきや白いんげんまめは、あんの原料や、和菓子などとしても使われます。また、海外にも豆はあります。レンズの形に似たレンズまめ、ひよこの形をしたひよこまめなど、いろいろな種類があります。

給食では、豆ごはんやスープ、カレー、時にはハンバーグの中に肉と一緒に豆を細かくして入れるなどの工夫をして使っています。どんな料理にどんな豆が入っているか、探してみてください。

Q. とら、うずら、ひよこ、レンズがつくものといえば、なんでしょう？ 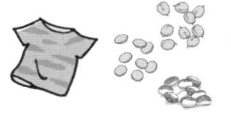 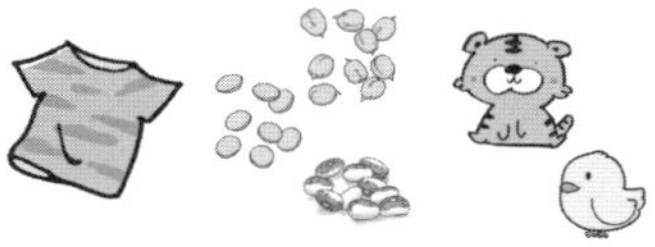
1. 洋服の黄色の模様　2. 豆　3. 動物の赤ちゃん

重 健 選 感 社 文

先生へ　国民健康・栄養調査の結果から、豆・豆製品の摂取量は、年々減っていることがわかります。
大豆には良質のたんぱく質が多く含まれ、また、いんげんまめなどには食物繊維や炭水化物、ビタミン、無機質なども含まれています。さまざまな料理から豆・豆製品をとるように指導しましょう。

2月 Q.65 姿をかえる大豆

Q. 大豆からつくられる大豆製品は、何種類あるでしょう？

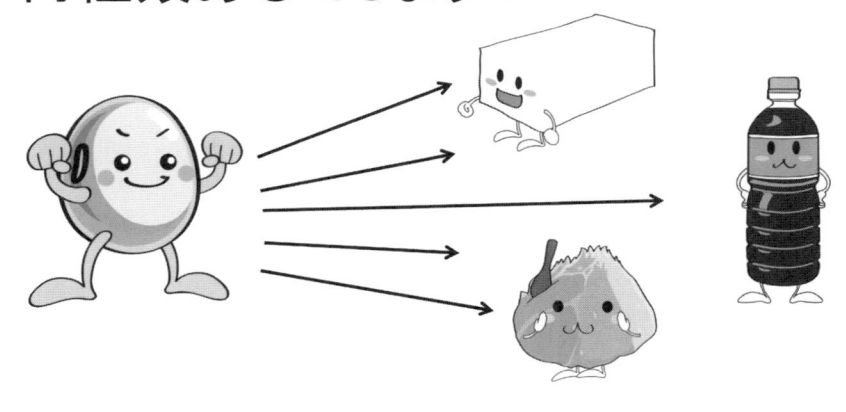

1. 10種類未満　2. 10〜15種類　3. 15種類以上

2月 Q.66 しょうゆ

Q. 中国では「ジャンヨー」、フランスでは「ソース・ドウ・ソジャ」、インドネシアでは「ケチャップ」と呼ばれる調味料は、なんでしょう？

1. トマトケチャップ　2. 塩　3. しょうゆ

2月 Q.65 姿をかえる大豆

大豆はわたしたちの食生活になくてはならない食品です。すりつぶしたり、加熱したり、発酵させたりすることで、さまざまな食品に変身します。

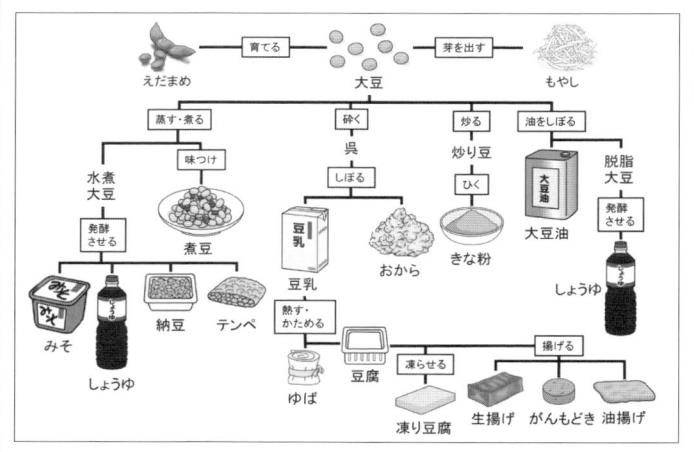

Q. 大豆からつくられる大豆製品は、何種類あるでしょう？
1. 10種類未満　2. 10～15種類　③ 15種類以上

重 健 **選** 感 社 文

| 先生へ | 大豆の変身図を書くと理解しやすいです。みそなどは比較的簡単につくることができるので、体験させてもよいでしょう。また、給食の献立やスーパーなどで大豆製品を探させて、興味を持たせるのもよいでしょう。 |

教科連携：国語科・生活科・理科・家庭科　02Feb.pptx：大豆の変身

2月 Q.66 しょうゆ

大豆を原料にしてつくられるしょうゆは英語で「ソイ・ソース」と呼ばれ、海外でも人気の調味料です。大豆と小麦、それからこうじ菌というカビの一種を発酵させてつくります。しょうゆは、なんにでも合い、簡単に味つけができるなど、重宝されています。

日本人の暮らしに欠かせないしょうゆですが、地域によって好みがかわります。例えば関東地方は濃口しょうゆ、関西地方は薄口しょうゆをおもに使います。ほかにも東海地方ではたまりしょうゆ、九州地方の再仕込みしょうゆなどがあります。

わたしたちの地域で、よく使われるしょうゆはなんでしょうか？　調べてみましょう。

Q. 中国では「ジャンヨー」、フランスでは「ソース・ドウ・ソジャ」、インドネシアでは「ケチャップ」と呼ばれる調味料は、なんでしょう？
1. トマトケチャップ　2. 塩　③ しょうゆ

重 健 選 感 社 **文**

| 先生へ | インドネシアではしょうゆのことを「ケチャップ（マニス）」といいます。由来はさまざまな説がありますが、もとは魚を発酵させてつくった中国の調味料「チチアプ」がインドネシアに伝わったといわれています。食べ物が伝わる経路を調べると、同じ名前でも国によって違うものを指していることがあります。 |

2月 Q.67 食物繊維の働き

Q. りんご、ごぼう、きのこ、海藻、こんにゃく、いも、豆には食物繊維がたくさん入っています。食物繊維の働きはどんなことでしょう？

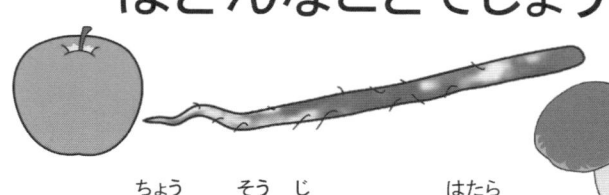

1. 腸の掃除をする働き
2. 体を動かすエネルギーになる働き
3. 骨や筋肉をつくる働き

2月 Q.68 トレーサビリティー

Q. 英語で「追跡できること」という意味の「食品の産地がわかるシステム」のことをなんというでしょう？

1. フードナビリティー
2. フードナビゲーション
3. トレーサビリティー

79

2月 Q.67 食物繊維の働き

　これらは、食物繊維がたくさん入っている食品です。食物繊維とは、ヒトが出す消化液では消化されないもののことで、日本人は、不足しがちな成分です。

　食物繊維は、腸内の環境をととのえて便通をよくするほかに、肥満や生活習慣病を防ぐなどのよい働きがあります。

　食物繊維が不足すると、便秘になったり体調が悪くなったりします。

　給食では、食物繊維もきちんととれるように計算して調理しています。特に食物繊維がたくさん入っている野菜、きのこ、いも、海藻などは残さないようにしましょう。

Q. りんご、ごぼう、きのこ、海藻、こんにゃく、いも、豆には食物繊維がたくさん入っています。食物繊維の働きはどんなことでしょう？
1. 腸の掃除をする働き
2. 体を動かすエネルギーになる働き
3. 骨や筋肉をつくる働き

重 健 選 感 社 文

先生へ　食物繊維は、第六の栄養素といわれ、注目されています。食物繊維は腸を刺激して、老廃物を体外に出しやすくするなど、腸を掃除する働きと、腸内の善玉菌を増やすなど、病気に負けない体にする働きがあります。

2月 Q.68 トレーサビリティー

　ある食品の産地や加工した場所、運送した経路などを記録するシステムのことを「トレーサビリティー」といいます。牛肉や米、野菜など、さまざまな食品で行われています。このシステムがあることによって、その食品がいつ、どこで、だれがつくったかなどがわかるようになりました。細かく記録が残るため、わたしたちは安心して、よい食品を選べるようになります。

　商品の裏側などには原材料、産地、内容量、添加物などの必要な情報が書かれているので、選ぶ時にはパッケージなどをよく見て買うようにしましょう。また、産地情報などがインターネットで公開されている場合は見てみてもよいでしょう。

Q. 英語で「追跡できること」という意味の「食品の産地がわかるシステム」のことをなんというでしょう？
1. フードナビティー
2. フードナビゲーション
3. トレーサビリティー

重 健 選 感 社 文

先生へ　買い物をする時は、季節の食品やその産地について、店の人に聞くようにすすめてみましょう。また、表示に気をつけて読むようにすると、子どもたちの食や食べ物に対しての興味関心を高めるきっかけとなるでしょう。

教科連携：家庭科

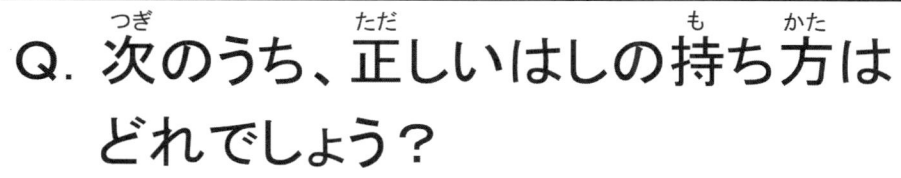

2月 Q.69 はしの持ち方

Q. 次のうち、正しいはしの持ち方はどれでしょう？

1.

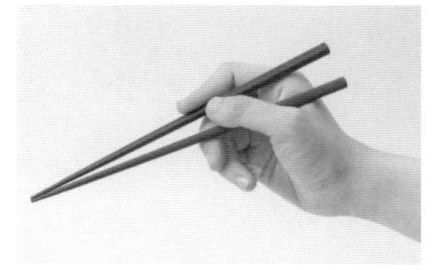

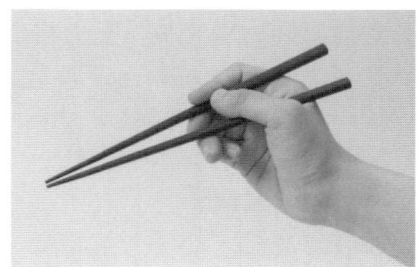

2.

3.

3月 Q.70 食事のマナー フォークとナイフ

Q. 洋食のナイフとフォークの置き方をあらわしています。正しい組み合わせはどれでしょう？

あ　　　　　　　い 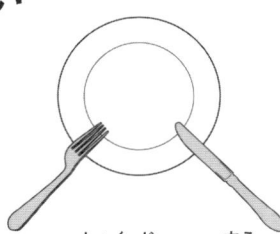　　　　　　　う

1. あ、食事の後　い、食事の前　う、食事中
2. あ、食事の前　い、食事中　　う、食事の後
3. あ、食事中　　い、食事の後　う、食事の前

2月 Q.69 はしの持ち方

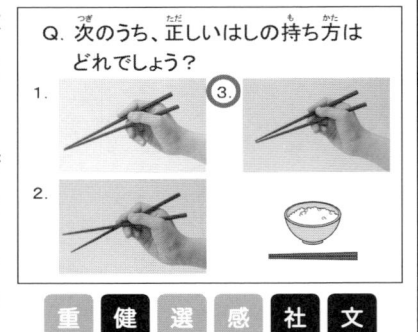

　1は、中指が間に入っていません。2は、2本のはしが交差していて、食べ物を上手につかめません。
　3が、正しい持ち方です。この持ち方が一番持ちやすく、使いやすく、見た目にも美しくなります。また、はしの機能（はさむ、切る、ほぐす、混ぜる、くるむなど）を一番生かすことができるのもこの持ち方です。
　正しいはしの持ち方を身につけることは生涯を通して食事のマナーやよい人間関係をつくることにもつながる大切なことです。はしが正しく持てていない人は、今のうちから練習して、きちんと持てるようにしましょう。

先生へ	はしの正しい持ち方ができるように指導しましょう。①正しい鉛筆の持ち方ではしを1本持つ。②親指と人さし指のつけ根に2本目のはしを入れながら薬指の上側と中指の下側で押さえる。③上のはしだけを動かす。

02Feb.pptx：正しいはしの持ち方

3月 Q.70 食事のマナー フォークとナイフ

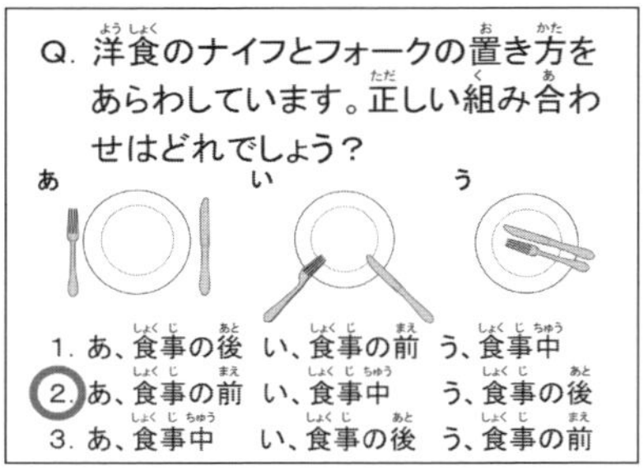

　和食には、はしや茶わんの持ち方や使い方のマナーがあります。同じように、洋食にもスプーンやナイフ、フォークの使い方のマナーがあります。
　洋食の場合、食べ始める前は、皿の右にナイフ、左にフォークを並べます。食事中にパンなどを食べるために、ナイフやフォークをいったん置く時は、皿にナイフとフォークをカタカナのハの字に置くことで、「食事中」のサインになります。このように置くことで、「皿を片づけないでください」という合図になります。食べ終わった時は、ナイフとフォークをそろえて斜めに置くことで、「終わりました。片づけてください」というサインになります

先生へ	正式なコース料理では、ナイフやフォークがたくさん並びますが、料理が出てくるたびに外側から使っていきます。苦手なものや骨などの残り物は、皿のすみに散らかさないようにきれいに置きます。マナーがわかっていると安心して食べることができます。マナーとして覚えておくことをすすめましょう。

3月 Q.71 江戸時代の花見

Q.「かまぼこのかわりにだいこん、卵焼きのかわりにたくあん、お酒のかわりに番茶」
江戸時代の庶民が、ある行事の時に楽しんだという落語の話があります。ここに出てくる行事はなんでしょう？

1. 月見　　2. 花見　　3. 花火

3月 Q.72 赤飯はなぜ赤い？

Q. お祝いの時は赤飯を食べます。なぜ、赤飯を食べるのでしょう？

1. 赤い色に病や災いをはらう力があると考えられていたから
2. ごはんの色は赤い方が、派手だから
3. 赤い実のしぼり汁で米を炊くと香りがよいといわれていたから

3月 Q.71 江戸時代の花見

　落語に「長屋の花見（貧乏花見）」という話があります。江戸時代は、かまぼこや卵焼き、酒などは高価なもので、庶民はなかなか手に入りませんでした。しかし、長屋に住むみんなが、半月の形に切っただいこんをかまぼこ、黄色いたくあんを卵焼き、水で薄めた番茶を酒にそれぞれ見立てて、お金がなくても、身近にあるものを持っていって花見を楽しんだという話です。

　実際の花見は、お酒を飲んだり団子などを食べたりしていたようです。また、琴や笛、三味線などを弾いて、歌ったり踊ったりしながら、おとなも子どもも楽しんでいたといわれています。並木桜の下を歩きながら楽しむ花見もあったそうです。

Q.「かまぼこのかわりにだいこん、卵焼きのかわりにたくあん、お酒のかわりに番茶」江戸時代の庶民が、ある行事の時に楽しんだという落語の話があります。ここに出てくる行事はなんでしょう？
1. 月見　②花見　3. 花火

重 健 選 感 社 文

| 先生へ | この落語のように、食事は特別なものを用意しなくても、楽しむことができます。食に興味を持たせるには、子どもたちに食事の時間を楽しんでもらうことも大切です。会食などを通して、みんなで食べることの楽しさを伝えていきましょう。 |

Word：指導案

3月 Q.72 赤飯はなぜ赤い？

　赤飯は一般的に、もち米をあずきやささげの煮汁で赤く色づけして、蒸してつくったおこわのことをいいます。

　昔は、赤飯は葬式などの不幸なことが起きた時に食べられていたという説もあります。これは、赤い色には病や災いをはらう力があるといわれていたからです。これが、「災い転じて福となす」という縁起直しから、お祝いごとのおめでたい時に食べられるようになったともいわれています。ですから、現在でも葬式などで食べる地域もあります。

　現在では、おもに入学式や卒業式、結婚式、赤ちゃんが生まれた時や七五三などのお祝いのごちそうとして、食べ継がれています。

Q. お祝いの時は赤飯を食べます。なぜ、赤飯を食べるのでしょう？
①赤い色に病や災いをはらう力があると考えられていたから
2. ごはんの色は赤い方が、派手だから
3. 赤い実のしぼり汁で米を炊くと香りがよいといわれていたから

重 健 選 感 社 文

| 先生へ | 昔は、「ハレの日」（冠婚葬祭などの特別な日）と「ケの日」（日常生活）がはっきりとわかれていて、食べ物も違っていました。特別な日に食べる代表的なものが赤飯です。お祝いごとやお祭りのほか、地域によっては葬式などでも食べられる日本の伝統的な赤飯の意味を伝えていきましょう。 |

3月 Q.73 こつこつ貯金（骨密度）

Q. 一生のうちで、骨が一番丈夫で強い時期は、いつ頃でしょう？

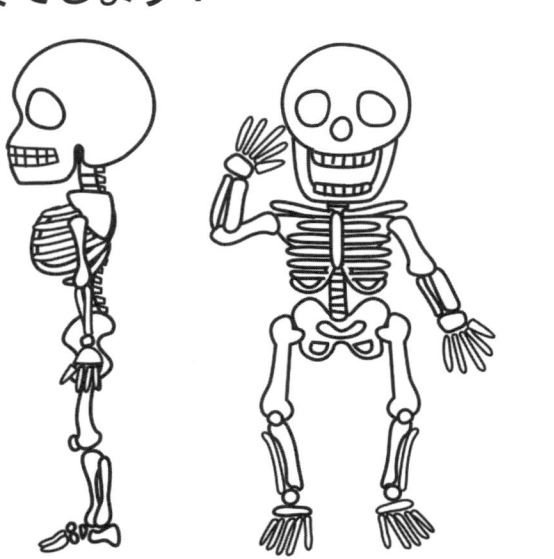

1. 12歳前後
2. 25歳前後
3. 50歳前後

3月 Q.74 カルシウムの吸収率

牛乳40　小魚33　青菜19

Q. これはなんの数字でしょう？

1. 1か月の食事でよく出る食品の回数
2. 苦手な食べ物ランキング
3. カルシウムの吸収率

3月 Q.73 こつこつ貯金（骨密度）

　骨の丈夫さ（強さ）は、骨の中のカルシウムなどの無機質の量によって違います。これを骨密度といい、骨密度が高いほど、強い骨であるといえます。

　カルシウムは、急に多くとっても、すぐには蓄えることはできません。骨がもっとも成長する時期は女性が11歳〜15歳、男性が13歳〜17歳といわれています。この時期に、適切な量のカルシウムをこつこつと長くとり続けることが大切です。

　「こつこつ貯金」の効果は、年を取ってからあらわれます。丈夫な骨は骨折しにくく、背骨が大きく曲がることも少なくてすみます。骨粗しょう症を防ぐためにも、成長期の今のうちからカルシウムをとり続けて、骨密度を上げていきましょう。

Q. 一生のうちで、骨が一番丈夫で強い時期は、いつ頃でしょう？
1. 12歳前後
2. 25歳前後
3. 50歳前後

重 健 選 感 社 文

先生へ　カルシウムのおおまかな量を点数化して、牛乳を1本飲んだら200点、乳製品の多い料理を食べたら100点、野菜や海藻は50点、1人分全部食べたら350点など、学級全体で「こつこつ貯金」をすすめるのもよいでしょう。1人ひとりが食べることを意識する1つのきっかけにしましょう。

3月 Q.74 カルシウムの吸収率

　わたしたちが食べたものはすべて栄養になるのではなく、体に吸収される割合が食品によって違います。牛乳のカルシウム吸収率は約40％で、ほかの食品（小魚は約33％、青菜は約19％）より高いという特長があります。

　人間の体はカルシウム量が不足すると、骨に蓄えられていたカルシウムを使って調整します。すると骨の中は次第にすかすか状態になり、骨折しやすくなります。それを防ぐには、牛乳や乳製品をしっかりとり、さまざまな食品をバランスよく食べることが大切です。また、丈夫な骨づくりのために、食事だけでなく太陽の光を浴び、適度な運動をするように心がけましょう。

牛乳40　小魚33　青菜19
Q. これはなんの数字でしょう？
1. 1か月の食事でよく出る食品の回数
2. 苦手な食べ物ランキング
3. カルシウムの吸収率

出典「日本人の青年成人女性における牛乳、小魚（ワカサギ、イワシ）、野菜（コマツナ、モロヘイヤ、オカヒジキ）のカルシウム吸収率」（上西一弘ら、『日本栄養・食糧学会誌』vol.51(5): 259-266,1998）より

重 健 選 感 社 文

先生へ　リンは、カルシウムやマグネシウムと結合して、骨や歯をつくります。しかし、とりすぎてしまうと、カルシウムの吸収を妨げる原因になります。リンは、スナック菓子や清涼飲料に多く含まれているので、これらの食品を食べすぎないように指導することが必要です。

3月 Q.75 家事参加

Q. 小中学生が行う食事に関する手伝いは、おもに料理の手伝い、テーブルの準備、後片づけでした。では、手伝いをする上で、大切なことはなんでしょう？

1. 気が向いた時だけ丁寧にやること
2. 気がついたことはなにもいわれなくてもやる
3. 決められた分担を続けること

3月 Q.76 地場産物を取り入れよう

Q. 目指せ30％！ 少しずつ数字が伸びています。このグラフはなにをあらわしているでしょう？

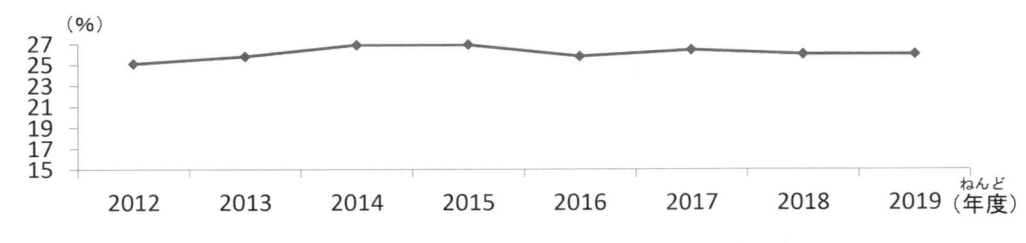

1. 好ききらいがなくなった人たちの割合
2. テレビを見ないで食事をする人たちの割合
3. 地場産物を使った給食の割合

87

3月 Q.75 家事参加

　お手伝いは家族の一員として、家事をみんなで分担しましょう。一度きりでやめてしまうのではなく、長く続けることが大切です。また、やることを自分で見つけて、だれかにいわれる前にやることも必要です。

　みなさんは、普段どんなお手伝いをしていますか？　食事に関係するお手伝いには、食器を洗う、みんなの分のお茶を入れる、果物の皮をむくなどがあります。食事に関係しないものだと、風呂をわかす、新聞をとってくるなどもあります。

　自分ができることはなにかを考え、行動に移しましょう。やることが見つからなくても、なにか手伝うことはないですか？　と聞いてみましょう。

Q. 小中学生が行う食事に関する手伝いは、おもに料理の手伝い、テーブルの準備、後片づけでした。では、手伝いをする上で、大切なことはなんでしょう？
1. 気が向いた時だけ丁寧にやること
2. 気がついたことはなにもいわれなくてもやる
3. 決められた分担を続けること

重　健　選　感　社　文

先生へ：現在は、電化製品が多く出回り、調理が簡単に比較的短時間で、できるようになりました。ですから、子どもたちの手伝う時間も減っています。しかし、子どもの頃から家庭生活の責任の一端を担って手伝いをすることが、将来の生活を支える大切な生き方を学ぶ機会になることを伝えていきましょう。

教科連携：家庭科

3月 Q.76 地場産物を取り入れよう

　「地場産物」や「地産地消」という言葉を聞いたことはありますか？　地場産物とは、地域でとれた産物のことをいい、地産地消とは、地域生産・地域消費の略で「自分たちが住んでいる地域でとれる産物をその地域で食べましょう」ということです。

　地場産物は、ほかの地域や海外から運ぶよりも、食品が早く食卓に届くので、ビタミンなどの栄養素の減りが少なくてすみます。また、地域でとれるものはつくる人やその過程が見えるので安心できます。さらに、運ぶ距離が短いので、ガソリンを多く使わないですみ、排気ガスで空気が汚れることも少なくなると期待されています。

Q. 目指せ30％！　少しずつ数字が伸びています。このグラフはなにをあらわしているでしょう？
1. 好ききらいがなくなった人たちの割合
2. テレビを見ないで食事をする人たちの割合
3. 地場産物を使った給食の割合

出典「学校給食における地場産物の活用状況」（文部科学省）より

重　健　選　感　社　文

先生へ：学校給食では、地場産物をたくさん使っています。子どもたちに地域で栽培されている食品を知らせましょう。地場産物を使った給食献立の時は、放送や一口メモなどで知らせ、教職員間で情報を共有しましょう。

PDF：単元展開構想図　Word：指導案

構想図・指導案・ワークシート

<Q.1、Q.53を活用した指導例>

　学級活動での朝ごはん指導の授業展開構想図と指導案、ワークシートです。※巻末のCD-ROMには、指導案の続き、ワークシートのルビあり・ルビなし版をWordで収録しています。また、そのほかの構想図や指導案なども収録しています。

　○学級活動の1時間（45分間）授業に位置づけた例

　第5学年　学級活動「朝ごはんを食べよう」の授業展開構想図

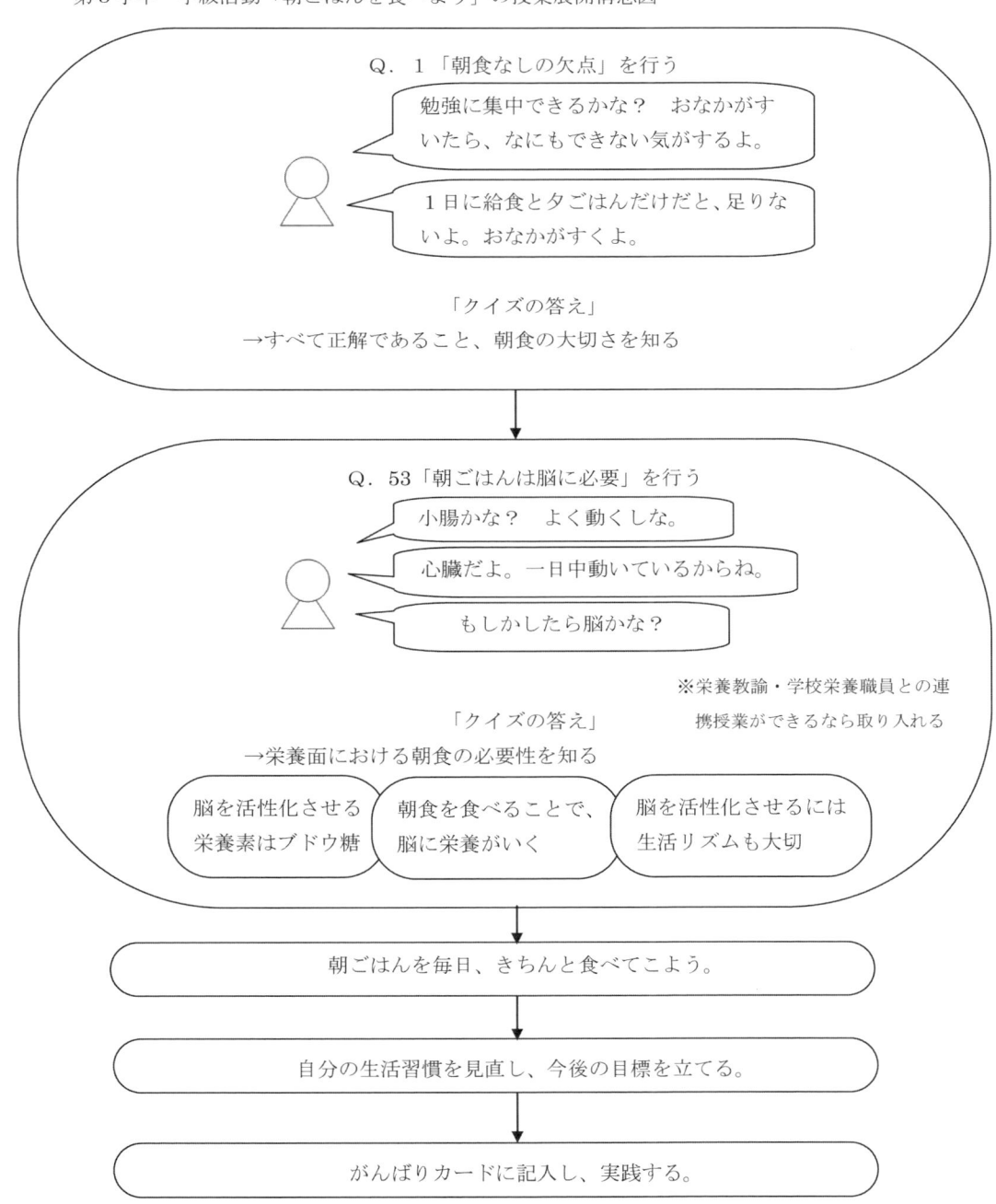

Q.1「朝食なしの欠点」を行う
- 勉強に集中できるかな？　おなかがすいたら、なにもできない気がするよ。
- 1日に給食と夕ごはんだけだと、足りないよ。おなかがすくよ。

「クイズの答え」
→すべて正解であること、朝食の大切さを知る

Q.53「朝ごはんは脳に必要」を行う
- 小腸かな？　よく動くしな。
- 心臓だよ。一日中動いているからね。
- もしかしたら脳かな？

※栄養教諭・学校栄養職員との連携授業ができるなら取り入れる

「クイズの答え」
→栄養面における朝食の必要性を知る

- 脳を活性化させる栄養素はブドウ糖
- 朝食を食べることで、脳に栄養がいく
- 脳を活性化させるには生活リズムも大切

朝ごはんを毎日、きちんと食べてこよう。

自分の生活習慣を見直し、今後の目標を立てる。

がんばりカードに記入し、実践する。

ねらい 朝食の必要性を知ることを促して、自らの食習慣を見直す態度を育てる
3　展開（学級活動の1時間（45分間）の授業）

○おもな学習活動　・おもな児童の反応	◇教師のおもな手立て　☆評価
○クイズ1「朝食なしの欠点」を行う。 ・勉強に集中できるかな？　おなかがすいたらなにもできない気がするよ。 ・1日に給食と夕ごはんだけだと、足りないよ。おなかがすくよ。	◇クイズの中の図を見ながら、これまでの経験を想起するように「自分もそんなときがなかったかな」と、朝食を食べずに学校にくる人のことを考えるように促す。
○クイズ1の答えを担任の先生から聞く。 ○正解がすべてであることと、朝食の大切さを新たに知る。	◇朝食が用意されずに朝食を食べることができない子どもが学級の中にいるのかを十分に把握しておく。 ◇答えを聞きながら、子どもたちが自分の普段の朝の生活をふり返り考えることができように、「みなさんはいかがですか。寝坊して朝食べずに学校に走ってくる人はいませんか」といった声かけを行う。
○クイズ53「朝ごはんは脳に必要」を考える。 ・小腸かな？　よく動くしな。 ・心臓だよ。一日動いているからね。 ・もしかしたら脳かな？	◇各臓器の働きを考えながら、その臓器の必要な栄養を考えていく。第6学年であれば人体の「呼吸・消化・吸収・排出」の理科の学習内容と関連させて行うのも一つの方法である。
○クイズ53の答えと解説を栄養教諭・学校栄養職員の先生にやってもらう。その中で、朝食の栄養に関する必要性を聞く。 　　朝から脳を活性化させる栄養分の話 　　脳に栄養が十分にいく 　　脳を活性化させるリズム	※栄養教諭・学校栄養職員が参加し、朝食を食べることの大切さや栄養との関係、生活リズムとの関係を図や資料などを交えながら説明する。可能であれば問いかけを行いながら、解説をしていく。問いかけながらの解説が厳しい場合は、できるだけ資料や図を用意し、図や資料にそって説明を行うようにする（栄養教諭・学校栄養職員の参加が難しい場合には解説も担任が行う。その際にも栄養教諭・学校栄養職員や養護教諭と打ち合わせを行う。その際に、資料等を借りる）。
○明日からの朝の生活を考え、計画する。 ・明日から早めに起きて、ゆっくり朝ごはんを食べてこよう。 ・朝ごはんを食べて、目覚めて、安全に学校にこよう。 ・朝早く起きるためにも、夜は早めに寝ることにしよう。	◇朝食の大切さを実感できるように丁寧に解説を行う。
○起床、就寝時刻の目標などを記入するがんばりカードの目標を立てる。	◇がんばりカードを作成できるように声をかける。
○今日からの生活を考え、終わりにする。	◇今日からの生活については、学級担任が行う。

生活時間を見直してみよう！　**がんばりカード**

_____ 年 _____ 組 名前 _____

生活時間の目標

一日のタイムスケジュール（学校がある日）

| 1 | 2 | 3 | 4 | 5 | 6 | 7 | 8 | 9 | 10 | 11 | 12 | 1 | 2 | 3 | 4 | 5 | 6 | 7 | 8 | 9 | 10 | 11 | 12 |

一日のタイムスケジュール（休みの日）

| 1 | 2 | 3 | 4 | 5 | 6 | 7 | 8 | 9 | 10 | 11 | 12 | 1 | 2 | 3 | 4 | 5 | 6 | 7 | 8 | 9 | 10 | 11 | 12 |

自分の生活をチェックしよう

	朝ごはん		起きた時間	寝た時間
月　日（　）	食べた　食事時間（　　）分	食べなかった	時　分	時　分
月　日（　）	食べた　食事時間（　　）分	食べなかった	時　分	時　分
月　日（　）	食べた　食事時間（　　）分	食べなかった	時　分	時　分
月　日（　）	食べた　食事時間（　　）分	食べなかった	時　分	時　分
月　日（　）	食べた　食事時間（　　）分	食べなかった	時　分	時　分
月　日（　）	食べた　食事時間（　　）分	食べなかった	時　分	時　分
月　日（　）	食べた　食事時間（　　）分	食べなかった	時　分	時　分

感想

これからの目標

保護者の方からのコメント

簡単にできる朝ごはんレシピ

子どもたちが手軽につくることができるレシピ4点をご紹介します。朝ごはんの調理の入門編などにご利用いただけます。

のりの佃煮

> ごはんがすすむよ！

材料（焼きのり2枚分）
- 焼きのり　　　2枚（21×19cm）
- しらす干し　　大さじ2
- 水　　　　　　1/2カップ（100mL）
- 砂糖　　　　　大さじ1
- みりん　　　　大さじ1
- しょうゆ　　　大さじ1と1/2

1. のりを細かくちぎる。
2. しらす干しを湯通しし、水気を切っておく。
3. 1ののりをなべに入れて、水、砂糖、みりん、しょうゆの順に調味料を加えて煮る。
4. 焦げないように、たまにかき混ぜる。水気がなくなったら、2のしらすを加えてできあがり。

とらねこふりかけ

> 簡単にできる！卵料理

材料（卵2個分）
- 卵　　　　　　　　　　　　2個
- サラダ油　　　　　　　　　小さじ1
- ツナ（油を切ったもの）　　1/2缶
- 削り節　　　　　　　　　　小1袋
- しょうゆ　　　　　　　　　小さじ2/3

1. フライパンにサラダ油を入れて熱する。
2. 卵を割りほぐして、1に入れ、よくかき混ぜながら焼き、炒り卵をつくる。
3. 別のフライパンを熱し、ツナをから炒りする（油は使わない）。
4. 3に削り節を入れて、さらにから炒りする。
5. 2と4を混ぜ、しょうゆで味をととのえて、できあがり（塩が足りない時は、塩を少し加える）。

フルーツヨーグルト

材料（一人分）
- プレーンヨーグルト　　　70g
- 砂糖　　　　　　　　　　5g
- フルーツ缶詰　　　　　　30g
（好きなもの または ミックス）

> おうちにある生の果物を入れてもおいしいよ！

1. フルーツ缶詰をフルーツとシロップにわける。シロップは捨てずにとっておく。
2. フルーツを1cmくらいに切る。
3. プレーンヨーグルトに、砂糖と1のシロップを少しずつ加えて、好みの甘さに調節する。
4. 2と3を混ぜて、できあがり。

じゃこトースト

> カルシウムがいっぱいとれるよ！

材料（6枚切り1枚分）
- 食パン（6枚切り）　　　1枚
- しらす干し　　　　　　大さじ1
- ピーマン　　　　　　　1/4個
- スライスチーズ　　　　1枚
- 焼きのり（せん切り）　少々

1. しらす干しを湯通しし、水気を切っておく。
2. ピーマンは、種を取り、5mm幅のせん切りにする。
3. パンの上に1と2、焼きのり（せん切り）、最後にスライスチーズをのせて、オーブントースターで焼く。チーズがとけて、うっすら焼き色がついたらできあがり。

※巻末のCD-ROMにて、パワーポイントにカラーで収録しています。プロジェクターなどに映したり、プリントしたりして、ご活用いただけます。

食生活ふり返りチェックシート

1年間の食生活をふり返るためのチェックシートです。児童生徒に配布するなどしてご活用いただけます。※巻末のCD-ROMには、カラーデータでルビあり・ルビなし版を収録しています。

1年間の食生活をふり返ってみましょう

年　　　組　名前 _____

今年度1年間の食生活をふり返って、できたものに〇をつけましょう。

みなさんはいくつできるようになりましたか？

①毎朝、朝ごはんを食べた		②食べる前には必ず手を洗った		③食べ物やつくってくれた人に、感謝して、残さず食べた	
はい	いいえ	はい	いいえ	はい	いいえ
④間食のとり方に気をつけた		⑤食事のマナーを守った		⑥栄養のバランスを考えながら食べた	
はい	いいえ	はい	いいえ	はい	いいえ

感想

保護者の方からのコメント